로직아이 샘

4단계 빨강

펴내는 글 & 일러두기

로직 있는 아이를 위하여…

독서는 감동입니다. 감동은 집중력을 높여 줍니다. 어렸을 때 감동하면서 책을 읽은 아이들이 다른 일도 잘합니다.

독서는 핵심입니다. 핵심을 파악해야 발전합니다. 모든 사건에는 핵심이 있고 모든 일은 핵심을 중심으로 전개됩니다. 독서는 전체의 흐름과 핵심 파악에 도움을 줍니다.

독서는 꿈입니다. 독서는 꿈의 실현이 아니라 꿈을 꾸게 하는 다리입니다. 꿈을 꾸는 사람만이 꿈을 이룰 수 있습니다.

독서는 미래이고 희망입니다. 병들기 전에 병을 치료하는 일이 좋은 일이듯, 문제가 발생하지 않도록 하는 일이 중요합니다. 독서는 병들기 전에 치료하는 최고의 보약입니다.

〈로직아이〉는 모든 선생님과 학부모 그리고 대한민국 모든 아이들이 건강하고 행복하기를 기원합니다.

집필자들을 대신하여
(주) 로직아이 리딩교육원 원장 박우현

교재의 특징

▶ 이 교재는 독서지도를 위한 교재입니다. 그러나 이 교재의 사용은 자연스럽게 글쓰기 논술 실력도 늘게 할 것입니다.

▶ 이 책에는 해당 책을 이용한 PSAT(공직적성평가: 행정고시, 외무고시, 기술고시 1차 시험)와 LEET(사법고시를 대신하는 법학전문대학원 입학시험문제) 형식의 문제가 수록되어 있습니다. 아이들에게 대입 수능시험형식이나 고급공무원 시험형식에 대해 친근한 느낌을 갖게 할 것입니다.

교재 사용 방법

1. 이 교재를 사용하기 위해서는 반드시 가르치는 사람과 아이들은 해당 책을 읽어야 합니다. 그 후에 교재 속의 문제들을 풀게 되면 그것만으로도 그 책을 다시 한 번 읽는 셈이 됩니다.
2. 단계별로 구성되어 있기는 하지만 아이들의 성향이나 독서능력에 따라 자유롭게 활용해도 무방합니다.
3. 각각의 교재는 6권의 책으로 구성되어 있지만, 그 순서는 교사나 학부모가 정할 수 있습니다. 아이들의 취향이나 선생님의 지도방법에 따라 선택 지도할 수 있습니다.

〈감사의 말씀〉 이 교재 속에 수록된 텍스트와 이미지 사용을 허락해 준 모든 출판사에 감사드립니다.

목차

깡통 소년
4쪽

세계를 움직이는
국제기구
14쪽

책과 노니는 집
24쪽

리틀 변호사가 꼭 알아야 할
법 이야기
34쪽

초정리 편지
44쪽

세상 모든 화가들의
그림 이야기
54쪽

깡통 소년

크리스티네 뇌스틀링거 글 | 프란츠 비트캄프 그림
유혜자 옮김 | 아이세움

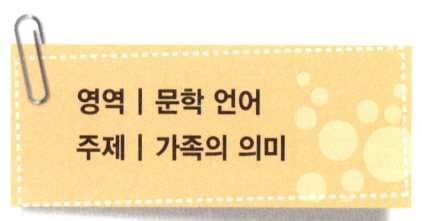

영역 | 문학 언어
주제 | 가족의 의미

1. 사건이 일어난 순서에 따라 줄거리를 정리할 수 있다.
2. 가족 구성원들에 대한 바람직한 태도를 생각해 볼 수 있다.

줄거리

어느 날 느닷없이 배달되어 온 소포 하나. 그 안에는 여덟 살 난 사내아이가 들어 있었다. 아이를 키워본 적이 없는 바톨로티 부인은 그 아이를 키운다. 갑작스런 생활 변화에 힘들어하지만 아이에 대한 사랑을 느끼며 점차 진짜 엄마의 모습으로 바뀌어 간다.

도서 선정 이유

공장에서 만들어진 인스턴트 아이가 배달된다는 기발한 발상이 돋보이는 작품이다. 혈연으로 맺어지지 않은 관계도 서로에 대한 사랑과 이해로 충분히 화목한 가정을 이룰 수 있음을 느끼게 한다.

다음 문장들에 해당하는 낱말을 [보기]에서 골라 보고, 그 단어를 이용하여 짧은 문장을 만들어 봅시다.

보기

군복   제복   홈쇼핑   수요   술   진술하다   입고
출고   쏘아보다   실토하다   텔레마케팅

(1) 생산자가 생산품을 시장에 냄 – ☐

(2) 집에서 텔레비전이나 인터넷 등을 통해 상품을 고르고, 전화나 인터넷을 이용하여 물건을 사고파는 통신 판매 방식 – ☐

(3) 카펫, 끈, 띠, 책상보, 옷 등에 장식으로 다는 여러 가닥의 실 – ☐

(4) 학교나 관청, 회사나 군대에서 정해진 규정에 따라 입도록 한 옷 – ☐

(5) 날카롭게 노려보다. – ☐

(6) 거짓 없이 사실대로 다 말하다. – ☐

책·을·다·시·읽·는·아·이·들

 바톨로티 부인에게 일어난 사건들입니다. (   ) 안에 알맞은 단어를 쓰고 시간 순서에 맞게 번호를 붙여 보세요.

어느 날, (   ) 에게 아이가 들어 있는 소포가 배달되었어요. 부인은 아이를 키워 본 적 없어 당황했어요. 하지만 그동안 모아 둔 돈을 배달된 아이, 콘라트를 위해 전부 썼어요.

3학년에 다니게 된 콘라트는 학교생활에 잘 적응하지 못했어요. 친구들은 '바보톨로티'라고 놀렸어요.
하지만 아래 집에 사는 (   )는 콘라트의 든든한 친구가 되어 콘라트를 곁에서 지켜 주었어요.

바톨로티 부인 집에 놀러온 (   )는 콘라트를 보고 첫눈에 반해 아이의 아버지가 되기로 했어요. 바톨로티 부인은 달갑지 않았지만 돈이 부족해 에곤 씨에게 양육비를 받기로 했어요.

하늘색 제복을 입은 사람들은 나쁜 말과 나쁜 행동을 하는 (   )를 보며 절대 자기 회사 제품일 수 없다고 하면서 돌아가 버렸어요. 콘라트와 바톨로티 부인, 그리고 에곤 씨는 다시 한 가족이 될 수 있었습니다.

책을 다시 읽는 아이들

키티와 바톨로티 부인은 콘라트를 에곤 씨네 (　　　)에 숨겼어요. 키티는 콘라트에게 나쁜 말과 나쁜 행동을 하도록 가르쳤어요. 바톨로티 부인은 회사에서 나온 사람들에게 콘라트가 사흘 전에 집을 나가 버렸다고 거짓말을 했어요.

바톨로티 부인은 아이를 길러 본 경험이 없기 때문에 콘라트를 위해 무엇을 해야 할지 잘 몰랐어요. (　　　　)에서 훌륭한 교육을 받은 콘라트도 바톨로티 부인이 제멋대로 행동했기 때문에 혼란스러웠어요.

우체부가 빠른 등기를 전달하고 간 날, 바톨로티 부인은 회사로부터 아이를 되돌려 달라는 편지를 받았어요.

바톨로티 부인은 콘라트를 돌려보내지 않기로 하고 (　　　　)을 생각해 냈어요.

책·을·깊·게·읽·는·아·이·들

1 바톨로티 부인과 에곤 씨는 생활 태도와 생각이 다릅니다.
두 사람의 다른 점을 정리해 봅시다.

직 업	카펫 짜는 일을 한다. 규칙적으로 일을 하는 것이 아니라 돈이 필요할 때에만 어쩔 수 없이 일을 한다.	_____
성 격	_____	원칙을 중시한다. 예의 없는 아이들을 아주 싫어한다.
학교 생활	_____	학교 시험에서 백 점을 받아야 한다.
생활 태도	생활이 불규칙하다. 먹고 싶을 때 먹고 아무데서나 먹는다.	매우 규칙적이다. 다른 사람의 시선을 중요하게 생각한다.

2 여러분이 콘라트라면 바톨로티 부인과 에곤 씨 중 어떤 분이 부모님으로 적합하다고 생각하나요? 그 이유와 함께 써 보세요.

3 콘라트가 바톨로티 부인과 함께 지내면서 겪게 되는 감정의 변화를 그래프로 나타내 봅시다.

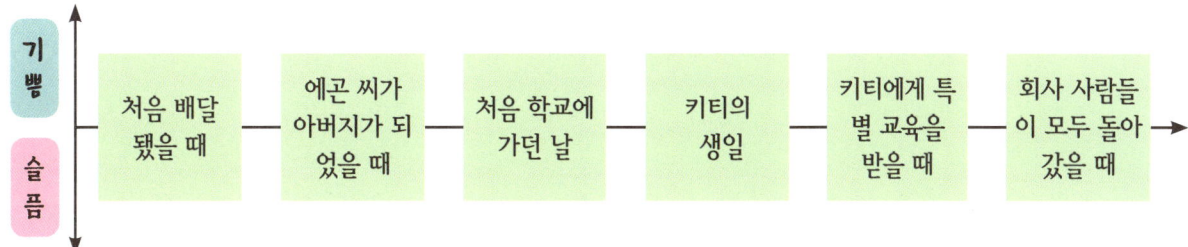

4 다음 콘라트와 바톨로티 부인의 대화를 읽어 보세요. 바톨로티 부인은 다른 사람의 말에 신경쓰지 말라고 합니다. 바톨로티 부인의 말에 대해 자신의 생각을 이야기해 봅시다.

"여자아이가 남자아이를 보호해 주는 게 맞는 일인가요? 그 반대가 되어야 하는 것 아닌가요?"
콘라트가 건포도 빵에 참치를 얹으면서 물었다.
"콘라트, 그건 어떻게 하든 상관 없어. 중요한 건 도움을 필요로 하는 사람에게 도움을 줘야 한다는 거지."
바톨로티 부인이 막대 사탕을 빨면서 말했다.
"그렇게 하면 사람들이 놀리지 않을까요?"
콘라트가 물었다.
그러자 바톨로티 부인이 막대 사탕을 참치 소스에 찍어 먹으면서 말했다.
"어머나, 콘라트! 너 꼭 알아 두어야 할 게 있어. 다른 사람들이 뭐라고 하든 그런 건 절대로 신경쓰지 마. 다른 사람들이 어떻게 생각하고 뭐라고 하는지 신경쓰다보면 다른 사람들이 원하는 대로만 하게 되고, 결국 다른 사람들과 똑같이 하다 보면 스스로 자신감을 잃게 돼. 내 말 알아듣겠니?"

본문 116 ~ 117쪽에서

책·을·내·것·으·로·만·드·는·아·이·들

1 콘라트는 주변 사람들의 도움으로 점차 낯선 생활에 적응해 갑니다. 주변 사람들이 어떻게 도움을 주었는지 생각하면서 다음 물음에 답해 봅시다.

(1) 바톨로티 부인은 콘라트가 친구들과 잘 어울리지 못할 때 어떤 말을 해 주었나요?

(2) (1)번으로 미루어 보아, 바톨로티 부인의 행동은 콘라트가 적응하는 데 어떤 영향을 미쳤을지 써 봅시다.

(3) 에곤 씨는 콘라트가 적응해 나가는 데 어떤 영향을 미쳤을지 써 봅시다.

(4) 키티는 콘라트가 학교생활에 적응하는 데 어떤 도움을 주었는지 써 보세요.

2 위 1번을 바탕으로 가족들을 대할 때 어떤 태도가 필요한지 써 봅시다.
(100자 내외)

3 다음 물음에 답해 봅시다.

(1) 콘라트가 행복하려면 예전 방식대로 살아야 할까요? 아니면 키티가 교육한 대로 살아야 할까요? 왜 그렇게 생각하는지 이유와 함께 써 봅시다.

(2) 여러분의 모습을 되돌아봅시다. 여러분은 모범생 콘라트와 키티에게 교육받은 콘라트 중 어느 쪽에 더 가까운가요?

4 여러분의 집에 콘라트와 같은 깡통 소년 또는 소녀가 배달되었습니다. 아이의 이름을 지어 주고 그 아이가 잘 적응할 수 있도록 여러분의 마음을 담아 편지를 써 봅시다.

아·이·들·을·위·한·P·S·A·T·와·L·E·E·T

1 바톨로티 부인이 밑줄 친 것처럼 생각한 이유는?

콘라트는 수학 문제를 풀고, 책을 뒤적이면서 때로는 큰 소리로, 때로는 작은 소리로 독일어 책을 읽다가 낱말을 쓰기도 하고 문장을 써 보기도 하면서 고개를 끄덕였다. 바톨로티 부인은 곁에 있어 봤자 별로 도움이 안 될 것 같아 초록색 카펫에 달 긴 술을 엮기 시작했다.

– 중 략 –

초인종이 울렸다. 문으로 달려간 콘라트는 에곤 씨와 함께 들어왔다.
"어머? 웬일이에요?"
바톨로티 부인이 물었다.
"아니, 내가 오지 못할 데라도 온 거요?"
에곤 씨가 물었다.
"당연히 그렇지요. 어제가 토요일이었으니까 화요일이 되려면 아직 이틀이나 남았잖아요."
바톨로티 부인이 말했다.
"이제 그런 것은 더 이상 신경쓰지 않기로 했어요. 이제는 내가 이 애의 아버지가 되었으니까 말이오."
에곤 씨가 말했다.
"그럼 앞으로 자주 오시겠네요?"
바톨로티 부인이 별로 달갑지 않은 듯이 물었다.
"물론이지요. 이제부터는 시간만 나면 찾아올 거예요. 물론 콘라트가 깨어 있을 때 말이오. 잠잘 때는 아버지가 곁에 있을 필요가 없을 테니까."
에곤 씨가 활짝 웃으며 말했다.
바톨로티 부인은 털실 바늘로 카펫에 술을 하나씩 끼워 넣으면서 콘라트가 오랫동안 쿨쿨 자면 좋겠다고 생각했다.

본문 71 ~ 73쪽에서

① 에곤 씨가 피곤할까 염려되어서.
② 에곤 씨가 카펫에 관심 가질까 봐.
③ 콘라트의 건강을 걱정하기 때문에.
④ 에곤 씨가 집에 더 머물기 바라기 때문에.
⑤ 에곤 씨가 빨리 가 주기를 바라는 마음에서.

2 밑줄 친 문장의 의미를 가장 적절하게 설명한 것은?

교과서를 본 콘라트는 무척 좋아했다. 하지만 책 모서리에 낙서가 많이 있는 것을 보고는 얼굴을 찡그렸다. 국어책에는 동그라미마다 색이 칠해져 있었다.
"아이들이 이렇게 해도 돼요?"
콘라트가 물었다.
바톨로티 부인은 아이들이 그렇게 해도 되는지 안 되는지 판단이 서지 않아서, 자기가 학교에 다닐 때만 해도 그런 짓은 할 수 없었다고 말했다.
"하지만 벌써 그건 오래 전의 일이야. 그 사이에 학교도 많이 변했을 거야."
바톨로티 부인이 말했다.
"그랬을 거예요." 콘라트가 말했다.

 본문 70쪽에서

① 세월이 많이 흘렀다.　　② 교과서가 좋아졌다.
③ 책에 낙서해도 괜찮다.　　④ 부인이 나이를 많이 먹었다.
⑤ 학교 선생님이 바뀌었다.

3 안톤이 밑줄 친 것처럼 말한 이유는?

키티는 생일 선물로 받은 수수께끼 카드놀이를 하기 위해 카드와 게임 설명서를 가져왔다. 안톤과 플로리안이 카드를 훑어보았다.
"이건 순 엉터리 질문이다!" 안톤이 소리쳤다.
"우리는 이런 놀이 안 할 거야."
안톤과 플로리안이 함께 말했다.
콘라트가 카드를 읽어 보고는 엉터리 질문이 아니라고 했다. 그러자 안톤과 플로리안은 손가락을 머리 옆에 대고 뱅뱅 돌리며 콘라트를 놀렸다.
"폴란드의 수도를 물어보는 질문이잖아. 답은 바르샤바야. 비스듬히 기운 탑은 피사에 있고, 144는 12를 두 번 곱하면 나오는 수야."
콘라트가 카드의 답을 혼자 다 말했다.

 본문 110쪽에서

① 답이 없는 질문만 나와 있어서.
② 문제들을 이해할 수 없었기 때문에.
③ 자신이 답을 아는 문제들만 나와 있어서.
④ 자신이 답을 모른다는 사실을 감추기 위해서.
⑤ 다른 사람들이 즐거운 파티를 즐기게 하기 위해서.

세계를 움직이는 국제기구

박동석 글 | 전지은 그림
봄볕

영역 | 사회
주제 | 꿈을 키워 주는 열일곱 가지 국제기구

 목표

1. 국제기구의 설립 목적과 종류를 배운다.
2. 국제기구의 정신을 잘 배우고 이어받는다.
3. 분류와 분석의 설명 방법에 대해 배운다.

줄거리

우리가 사는 세계는 나라마다 정치, 경제, 사회, 지리적 환경이 모두 다르다. 그리고 그 어떤 나라도 혼자만의 힘으로 살아가기는 불가능하다. 서로 협력하기도 하고 경쟁하기도 하며 갈등하기도 한다. 그리하여 나라 간의 문제를 해결하고 세계 평화와 안전을 위해 국제기구를 만들었다. 세계의 국제기구 설립 목적과 역할에 대해 잘 알 수 있다.

도서 선정 이유

세계의 국제기구의 역할을 잘 알고, 모두의 평화를 위해 자국(自國)의 이익과 욕심보다는 모두의 발전을 위해 살아야 한다는 것을 배우고 그와 같은 정신을 이어받을 수 있다. 또한 세계로 나아가 더 큰 세상을 보고 더 큰 꿈을 이룰 수 있다.

1. 우리는 사실이나 대상을 잘 설명하기 위해 다음과 같은 설명 방법을 사용합니다. <보기>의 설명 방법을 잘 읽고 각각의 글에 해당하는 설명 방법을 찾아 써 보세요.

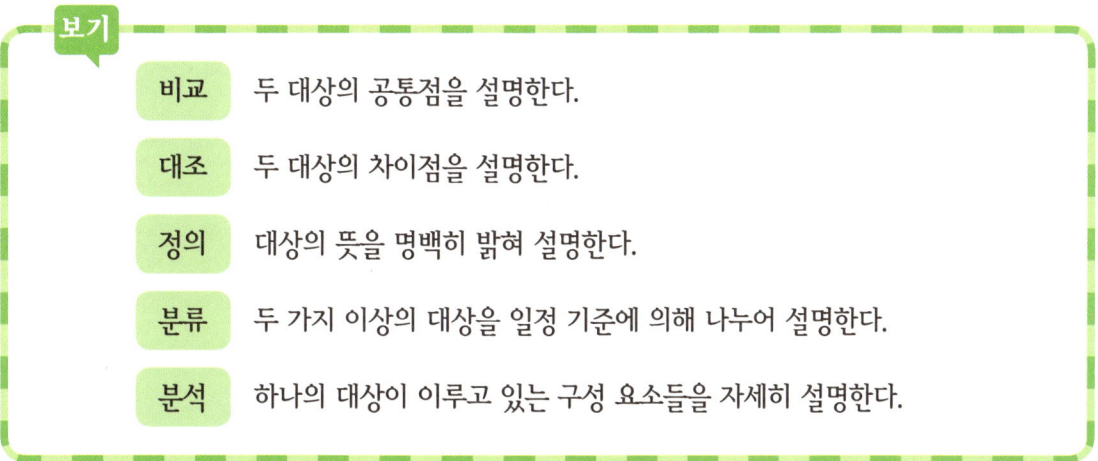

보기
- **비교** 두 대상의 공통점을 설명한다.
- **대조** 두 대상의 차이점을 설명한다.
- **정의** 대상의 뜻을 명백히 밝혀 설명한다.
- **분류** 두 가지 이상의 대상을 일정 기준에 의해 나누어 설명한다.
- **분석** 하나의 대상이 이루고 있는 구성 요소들을 자세히 설명한다.

(1) 유엔과 유럽 연합은 평화와 협력을 위한 국제기구이다.

(2) 국제기구 중 가장 큰 유엔은 효율적인 운영을 위해 총회, 안전 보장 이사회, 경제 사회 이사회, 국제 사법 재판소, 사무국, 신탁 통치 이사회 등 6개의 주요 기관을 가지고 있다.

(3) 스포츠와 건강을 위한 국제기구로는 국제 올림픽 위원회, 국제 축구 연맹, 세계 보건 기구 등이 있다.

(4) 그린피스는 환경을 위한 국제기구이고, 유엔 아동 기금은 인권 보호를 위한 국제기구이다.

(5) 유엔 총회는 유엔에 가입한 회원국 전체가 모여서 중요한 안건을 의논하고 결정하는 전체 회의이다.

2. 다음 문장을 올바르게 띄어 써 보세요.

인간이라면누구나자신이누려야할기본적인권리인 '인권' 을소중히여기고당당하게 주장할수있어야해요.

책·을·다·시·읽·는·아·이·들

1 유엔에 대해 설명하려고 합니다. 빈칸에 알맞은 말을 채워 보세요.

- 유엔 (UN :   )
- 창설 목적 :
- 역할 :
- 주요 기관 :
- 분담금 운영 :

2 유엔에서 일하려면 어떻게 해야 할까요? 국제적인 단체에 맞게 갖추어야 할 조건을 3가지 이상 써 주세요.

3 국경 없는 의사회나 그린피스가 국가의 지원금을 받지 않고 비정부 기구로 활동하는 이유는 무엇인가요?

4 다음 사진 속 아이들에게 도움을 줄 수 있는 국제기구는 무엇인가요?

5 올림픽의 심벌은 '오륜'입니다. 그리고 올림픽기를 '오륜기'라고 부르는데 오륜기의 상징과 의미는 무엇인가요?

6 뉴스나 신문에 'OECD'라는 말이 많이 나오는데 그 이유는 무엇인가요?

7 유럽 여행을 가면 여권 심사 없이 유럽의 여러 나라를 자유롭게 통과할 수 있습니다. 그 이유는 무엇인가요?

책·을·깊·게·읽·는·아·이·들

1 우리나라가 유니세프(UNICEF)의 도움을 받은 배경은 무엇일까요?

> 유니세프의 설립 정신은 국적이나 이념, 종교 등의 차별 없이 어린이를 구호한다는 뜻을 담아 '차별 없는 구호'예요. 그래서 제2차 세계 대전이 끝난 뒤 승전국이나 패전국을 가리지 않고 어려움에 처한 어린이를 돕기 시작했어요.
> 우리나라는 1950년 3월에 정식으로 가입하였는데, 1993년까지 많은 도움을 받았어요.
>
> 📄 본문 149쪽에서

2 유엔 교육 과학 문화 기구(UNESCO)가 왜 가장 필요하고 효율적인 기구일까요?

> 유엔이 정치적인 힘으로 세계 평화와 인류 발전에 기여하고 있다면, 유네스코는 문화적인 힘으로 역할을 수행하고 있는, 현대 사회에 가장 필요하고 효율적인 기구이지요.
>
> 📄 본문 45쪽에서

3 다음 상황을 해결하기 위해서는 어떤 국제기구의 도움이 필요할까요?

> 흥청망청 정부는 국가 경제 개발 과정에서 외국 자본을 너무 많이 쓴 결과, 외환 보유고가 바닥나고 국제적 경제 활동에 어려운 상황에 처했다. 금융 기관과 기업들이 줄줄이 문을 닫으면서 실업자 또한 많아져 사회는 점점 불안해져 갔다.

4 다음 글에서 가장 중요한 문장을 찾아보세요.

> "인생에서 돈을 잃는 것은 조금 잃는 것이고, 명예를 잃는 것은 반을 잃는 것이며, 건강을 잃는 것은 모두 잃는 것이다."
>
> 이 말은 무엇보다 건강의 중요성을 강조한 말이에요. 돈이나 명예보다 더 중요한 것이 바로 건강이라는 이야기지요.
>
> 우리 몸도 기계와 같아서 시간이 지날수록, 쓰면 쓸수록 마모되고 고장나기도 해요. 나이를 먹을수록 그만큼 고장날 확률은 높아질 수밖에 없어요. 기계를 고장 없이 오래 사용하려면 평소에 기름칠을 잘해 주고, 소중히 다루어야 하지요. 마찬가지로 우리 몸도 평소에 보살펴 주어야 오래오래 건강하게 살 수 있어요.
>
> 이처럼 중요한 건강을 관리해 주는 국제기구가 있는 것은 어쩌면 당연한 일이지요. 이렇듯 세계 보건 기구는 세계인의 건강 관리를 위해 만든 것이랍니다.
>
> 본문 124쪽~125쪽에서

5 WTO(세계 무역 기구) 가입으로 인해 오히려 자국의 경제가 위축되는 경우는 어떤 경우일까요?

> 많은 나라가 경제적 목적으로 이 기구에 가입하려고 하는데, 가입을 한다고 해서 반드시 경제적 이익이 생기지 않아요. 오히려 자국의 경제가 위축되는 경우가 생길 수 있어서, 일부러 가입을 보류하는 나라도 있지요. 그런 나라들은 WTO에 가입하면 얻는 것보다 잃을 것이 더 많다고 판단했기 때문이에요.
>
> 본문 83쪽에서

책·을·내·것·으·로·만·드·는·아·이·들

1 성공보다 노력이 더 중요하고 승리보다 참가가 더 가치 있는지 여러분의 생각을 써 보세요.

쿠베르탱은 자신의 생각을 실현하기 위해 1894년에 IOC를 창설했고, 2년 뒤 제1회 올림픽도 개최했어요. – 중략 – 쿠베르탱은 올림픽을 개최하면서 우리에게 아주 중요한 교훈을 심어 주었어요. 그건 '올림픽의 가장 중요한 가치는 승리하는 데 있는 것이 아니라 참가하는 데 있으며, 성공보다는 노력하는 것'에 있다는 거예요. 이 말은 '우정과 평화'라는 올림픽의 목적을 잘 나타내고 있어요.

본문 100쪽 ~ 101쪽에서

---

2 여러분이 만들고 싶은 국제기구를 설명해 주세요.

● 국제기구 이름	
● 국제기구 마크	
● 설립 목적	
● 주요 활동	

3 OECD 행복지수 조사 결과입니다. 우리나라 국민의 행복지수가 낮은 원인을 생각해 보고 그 해결책을 찾아 주세요.

OECD 주요국 행복지수 현황

경제 협력 개발 기구(OECD) 34개국 중

국가	순위	지수
덴마크	1	8.09
호주	2	8.07
노르웨이	3	7.87
오스트리아	4	7.76
아이슬란드	5	7.73
OECD평균		6.23
한국	32	4.20
터키	33	2.90
멕시코	34	2.66

행복지수 10에 가까울수록 삶의 만족도 높음

자료/보건사회연구원

원인 _____

해결책 _____

4 원자력 발전소 건설에 대한 찬반 입장 중 하나를 택해 여러분의 의견을 정리해 주세요.

> 국제 원자력 기구는 원자력의 평화적 이용과 공동 관리를 위해 설립한 국제기구에요. 원자력을 전쟁 무기로 사용하지 못하게 막고, 원자력을 사용할 때에도 방사성 물질의 피해가 없도록 세계가 공동으로 관리하자는 취지에서 만들어졌지요.
>
> 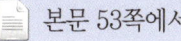 본문 53쪽에서

찬성한다 _____

반대한다 _____

1 다음 글을 요약한 문장으로 적절한 것은?

2012년 10월 20일은 우리나라가 국제기구의 사무국을 처음으로 유치한 날이에요. 게다가 이 국제기구는 규모가 세계에서 몇 손가락에 들 정도로 컸어요. 이 국제기구는 바로 녹색 기후 기금(GCF)이에요. 녹색 기후 기금은 개발 도상국의 온실가스 감축과 기후 변화 적응을 지원하기 위해 만든 유엔 산하의 국제기구예요.

과학 기술이 발전하면서 생긴 가장 심각한 문제 중 하나가 바로 환경 오염이지요. 그래서 지금 세계는 환경 오염과 전쟁을 치르고 있다는 말까지 나오고 있어요. 환경 오염은 우리의 생명과 직결된 문제이기 때문이에요. 환경 오염에도 여러 종류가 있지만 그중에서도 대기 오염은 아주 심각한 상황이에요.

'지구 온난화'란 글자 그대로 지구가 점점 따뜻해지고 있다는 말이에요. 지구가 점점 따뜻해지면 어떤 일이 발생할까요? 지구의 온도도 일정 수준을 유지 못하고 자꾸 높아지면 지구상에 있는 모든 생명체가 살아남기 어려울 거예요. 이런 지구 온난화의 주범이 바로 이산화탄소 같은 온실가스예요. 온실가스는 대부분 자동차 배기가스나 공장의 매연 등에서 만들어진답니다.

그래서 국제사회는 갈수록 심각해지는 지구 온난화 방지를 하기 위해서 여러 가지 방법을 찾기 시작했어요. 그렇게 해서 만든 것이 이산화탄소를 비롯한 온실가스 방출을 제한하자는 유엔 기후 변화 협약이에요. 이 협약은 1992년에 체결되었고, 현재 196개국이 회원국으로 참여하고 있어요. 지구에 있는 대부분의 나라는 지구 온난화를 걱정하고 있는 거지요.

본문 176쪽 ~ 178쪽에서

① 녹색 기후 기금과 온실가스
② 녹색 기후 기금과 국제기구
③ 녹색 기후 기금과 환경 오염
④ 녹색 기후 기금과 과학 기술
⑤ 녹색 기후 기금과 지구 온난화

2 밑줄 친 문장과 설명 방법이 같은 것은?

안전 보장 이사회는 국가 간 평화와 안전을 유지하는 역할을 해요. 유엔의 궁극적 목적을 수행하는 핵심 기구이자, 가장 큰 힘을 발휘하는 곳이기도 해요. 뉴스에서 흔히 '유엔 안보리'라고 부르는 기관이 바로 안전 보장 이사회를 줄여서 부르는 말이에요.

안보리는 왜 가장 큰 힘을 발휘하는 곳일까요? <u>그 이유는 다른 조직에서 내리는 결정 사항은 대부분 법적 구속력이 없는 권고 사항인데 반해, 이곳 안보리 결정 사항은 구속력이 있기 때문이에요.</u> 쉽게 말해, 이곳에서 내린 결정을 따르지 않으면 군대를 동원하여 제재를 가할 수도 있다는 뜻이지요.

본문 20쪽에서

① 김홍도와 신윤복은 조선 시대 화가이다.
② 김홍도, 김득신, 신윤복은 조선 시대 3대 풍속화가로 불린다.
③ 김홍도의 그림 〈씨름〉은 간결하고 정확한 붓 터치가 뛰어난 그림이다.
④ 김홍도가 주로 서민적인 풍속을 그리는 화가였다면 신윤복은 귀족적인 풍속을 그린 화가였다.
⑤ 신윤복은 산뜻한 원색의 사용과 현대적인 구도, 독특한 상황 설정으로 조선 시대 풍속화의 영역을 다채롭게 해 주었다.

책과 노니는 집

이영서 글 | 김동성 그림 | 문학동네

영역 | 문학 언어
주제 | 배려, 천주교 박해

목표

1. 조선 후기 사회생활 이야기를 통해 역사적 사건을 알 수 있다.
2. 책이 가져다주는 행복이 무엇인지 생각해 보고 그 소중함을 느껴 본다.
3. 주인공의 생활을 통해 나를 돌아보고 최선을 다하는 모습을 본받는다.

줄거리

　장이의 아버지는 천주학 책을 필사한 것 때문에 관아에 끌려가 매를 맞고 죽는다. 어린 장이는 최 서쾌의 책방에서 책방 심부름꾼이 되어 자신이 처한 어려움을 극복하고 아버지의 대를 이어 전문 필사쟁이가 된다.

도서 선정 이유

　조선 후기 서학이 들어오고 천주교가 탄압받던 시절, 주인공의 아픈 성장 과정을 통해 역사적 사건을 알고 책의 소중함을 느낄 수 있다.

조선 시대 말들을 배워 봅시다.

〈책과 노니는 집〉에는 조선 시대에 쓰였던 말들이 나옵니다. 그 말의 뜻을 찾아보고, 표준어로 바꿀 수 있는 것은 바꿔 보세요.

- 필사쟁이 ▶

- 천주학쟁이 ▶

- 서쾌 ▶

- 언문 ▶

- 감인소 ▶

- 전기수 ▶

- 배오개 ▶

- 방물장수 ▶

- 어름사니 ▶

1. 장이의 아버지는 관아로 끌려가 온몸이 짓이겨지도록 매를 맞고 왔습니다. 필사쟁이인 아버지가 매를 맞은 이유는 무엇인가요?

2. 홍 교리 집에 심부름을 가던 장이는 최 서쾌 어른의 말을 어기고 비단 주머니를 열어 보다 허궁제비에게 물건을 빼앗겼습니다. 허궁제비는 장이에게 그 물건을 찾으려면 어떻게 하라고 했나요?

3. 홍문관 홍 교리에게 책을 전해 주고 난 후 장이는 사랑채 문 위의 현판을 읽어 내렸습니다. 그 현판에 적힌 글은 무엇인가요? 그 뜻도 적어 봅시다.

4. 장이는 홍 교리에게 상아찌를 돌려주려고 홍 교리의 집에 왔다가 책상 위에 펼쳐진 〈동국통감〉의 책장을 넘겨보고는 깜짝 놀랍니다. 그 이유는 무엇인가요?

5 장이가 처음으로 필사를 맡은 언문 소설의 이름은 무엇인가요?

6 최 서쾌의 심부름으로 손 직장 집에 가던 장이는 관원들이 손 직장의 집에 들이닥치는 것을 봅니다. 관원들은 누구의 밀고로 손 직장의 집에 들이닥쳤나요?

7 팔공산 동화사로 가던 길에 장이는 최 서쾌에게 아버지와의 관계에 대해 듣게 됩니다. 장이와 돌아가신 장이 아버지는 실제 어떤 관계였나요?

8 다음은 〈책과 노니는 집〉에 나오는 조선 시대의 '시간'을 나타내는 어휘입니다. 책 속에서 찾아 정확히 몇 시를 의미하며 무슨 뜻인지 적어 봅시다.

- 삼경 ▶ _____
- 미시 ▶ _____
- 술시 ▶ _____
- 인경 ▶ _____

책·을·깊·게·읽·는·아·이·들

1 천주교 서적을 필사했다는 이유만으로 장이 아버지는 목숨을 잃었습니다. 그 당시 조선에서 천주교를 박해했던 이유는 무엇인가요?

2 장이는 낙심이에게 심청전 이야기를 해 주었다가 낙심이를 울리고 말았습니다. 장이가 낙심이에게 잘못한 것은 무엇이고, '마음 시중'을 들어야 한다는 말은 무슨 의미일까요?

3 허궁제비의 밀고로 천주학을 믿는 사람들이 관아로 잡혀갈 때 최 서쾌는 장이에게 절대로 책방과 도리원, 홍 교리 집에는 가지 말라고 했습니다. 그러나 장이는 홍 교리 집으로 뛰어갔습니다. 장이가 홍 교리 집으로 뛰어간 이유는 무엇일까요?

4 장이는 하루빨리 한문 필사를 하고 싶었지만 언문 필사를 많이 했습니다. 언문 소설이 날이 갈수록 인기가 좋았기 때문입니다. 한문 소설보다 언문 소설이 아녀자들 사이에서 인기를 끌었던 이유를 생각해 봅시다.

5 〈책과 노니는 집〉은 조선 영·정조 이후 시대를 다룬 작품입니다. 조선 말 사회 생활 모습을 짐작할 수 있는 단서들을 책 속에서 세 가지 이상 찾아봅시다.

책·을·내·것·으·로·만·드·는·아·이·들

1 아버지가 죽은 뒤 장이는 누군가에게 도움을 청하는 일이 어려웠습니다. 허궁제비의 사건도 혼자 해결하려고 애썼습니다. 그러나 해결할 수 없었습니다. 장이처럼 자신이 감당하기 어려운 일을 처리할 때는 어떻게 하는 것이 좋을까요?

2 천주교 박해가 있던 조선 말, 어린 장이는 아버지를 여의고 최 서쾌의 보살핌으로 살아갑니다. 수많은 고난 속에서도 올바르게 행동하는 장이에게 여러분이 해 주고 싶은 말을 다섯 문장 이내로 써 봅시다.

3 아버지를 잃은 장이는 늘 냉정하게 대하는 최 서쾌가 원망스러웠습니다. 그런 최 서쾌가 누구보다도 자신을 사랑했다는 것을 알았을 때 장이는 목울대가 뻐근할 정도로 눈물이 맺혔습니다. 여러분도 장이처럼 부모님을 오해했던 경험이나 주변 사람들에게 따뜻함을 느낀 경험이 있다면 이야기해 보세요.

4 이 책을 읽고 떠오른 생각이 있나요? 다른 친구들에게 이야기해 봅시다.

아·이·들·을·위·한·P·S·A·T·와·L·E·E·T

1 다음 글의 핵심을 가장 잘 나타낸 것은?

> "책은 읽는 재미도 좋지만, 모아 두고 아껴 두는 재미도 그만이다. 재미있다, 유익하다 주변에서 권해 주는 책을 한 권, 두 권 사 모아서 서가에 꽂아 놓으면 드나들 때마다 그 책들이 안부라도 건네는 양 눈에 들어오기 마련이지. 어느 책을 먼저 읽을까 고민하는 것도 설레고, 이 책을 읽으면서도 저 책이 궁금해 자꾸 마음이 그리 가는 것도 난 좋다. 다람쥐가 겨우내 먹을 도토리를 가을부터 준비하듯 나도 책을 차곡차곡 모아 놓으면 당장 다 읽을 수는 없어도 겨울 양식이라도 마련해 놓은 양 뿌듯하고 행복하다."
>
> 본문 78쪽에서

① 글쓴이는 책을 사 모으는 것을 좋아한다.
② 글쓴이는 책을 좋아하는 마음이 매우 크다.
③ 글쓴이는 책을 읽으면서 다른 책도 함께 읽는다.
④ 글쓴이는 책을 겨울에 사 모으면 뿌듯하고 행복해한다.
⑤ 글쓴이는 책을 다른 사람들에게 권해 주는 것을 좋아한다.

2 다음 글의 주제문으로 가장 적절한 것은?

> 〈천주실의〉는 서양 신부 마테오 리치가 쓴 천주, 즉 하느님에 관한 책이었다. 서학이라고도 부르는 천주학은 조선에선 금지된 것이었다. 다산 정약용의 외사촌 윤지충이 천주교 의식에 따라 어머니의 초상을 치른 것을 계기로 조선에서 천주교 박해가 시작되었다. 그 뒤로 천주교 관련 서적은 인간의 도리를 저버린 사악한 글이라 하여 읽어서도 팔아서도 가지고 있어서도 안 되는 책이 되었다. 대낮에 포졸들이 양반집 서고에 들이닥쳐 집뒤짐을 하는 경우가 잦았다. 그러다 천주학 책이 발견되면 집주인은 영락없이 관아에 끌려가 고문을 당하고 심한 경우에는 목숨도 잃었다.
>
> 본문 79~82쪽에서

① 〈천주실의〉는 서학이라고도 부른다.
② 〈천주실의〉는 하느님에 관한 책이다.
③ 〈천주실의〉는 인간의 도리를 저버린 책이다.
④ 〈천주실의〉는 서양 신부 마테오 리치가 쓴 책이다.
⑤ 〈천주실의〉를 가지고 있는 사람들은 박해를 당했다.

32 | 로직아이 샘 4단계_빨강

3 다음 글에서 홍 교리가 바라본 현실적 세상과 거리가 먼 것은?

> 홍 교리의 말이 평소보다 길었다.
> "양반들이 한자 타령하는 거야 다 그럴 만하지. 좋은 가문에서 태어나 평생 일 안 하고, 해 주는 밥 먹으며 글만 파니 어려운 한자를 익힐 수 있지. 나이 스물, 서른이 넘도록 과거 준비한답시고 글방에 앉아 세월을 죽일 수 있는 팔자도 양반뿐이고,"
>
> – 중 략 –
>
> "백성들이야 굶어 죽든 말든 끼리끼리 모여 앉아 벼슬 나눠 먹고, 돈 좀 모은 장사치들까지 그 앞에 줄을 서서 거드름 피우고 있으니……."
> 장이는 뭐라 끼어들 말을 찾지 못했다. 홍 교리의 걸음이 휘청거렸다.
> "내가 취했구나. 헛소리를 지껄이고. 하여튼 오늘 밤 도리원의 조촐한 이야기 연회가 좋더구나. 양반, 기생, 장사꾼, 부엌데기…… 모두 한자리에 모여 재미난 소설을 들으니 〈논어〉나 〈맹자〉를 읽을 땐 번번이 졸았는데 언문으로 된 이야기를 들으니 귀가 트이고 가슴이 뚫리지 뭐냐."
>
> 본문 155 ~ 156쪽에서

① 신분제도가 없는 사회였다.
② 양반들의 부정부패가 심한 사회였다.
③ 장사치들이 양반들에게 아첨하는 사회였다.
④ 양반들은 평생 과거 시험에 매달린 사회였다.
⑤ 양반들은 시간이 많아 어려운 한자 공부를 하는 사회였다.

리틀 변호사가 꼭 알아야 할 법 이야기

노지영 글 | 이진경·한창수 그림 | 교학사

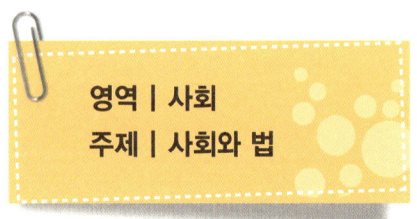

영역 | 사회
주제 | 사회와 법

목표

1. 법의 의미를 알 수 있다.
2. 사회에서 법이 필요한 이유를 알 수 있다.

줄거리

인간이 무리 지어 살던 아주 오래전에도 법은 있었다. 법이 필요한 이유, 법의 역사, 법의 의미, 법의 생성과 소멸, 다양한 종류의 법을 실제 사례를 통해 쉽게 설명한다.

도서 선정 이유

법은 우리의 삶과 밀접한 관계가 있다. 삶에서 법이 가지는 가치, 의미 등을 이해하고 올바른 사회 구성원으로서 지켜야 할 규칙에 대해 생각해 볼 수 있다.

책을 펴는 아이들

1 '법' 하면 어떤 것이 떠오르나요?

2 아래 그림은 법과 어떤 관련이 있을까요?

책에는 내용 이해를 돕기 위한 여러 장치들이 있습니다. 이 책에는 어떤 것이 있는지 알아봅시다.

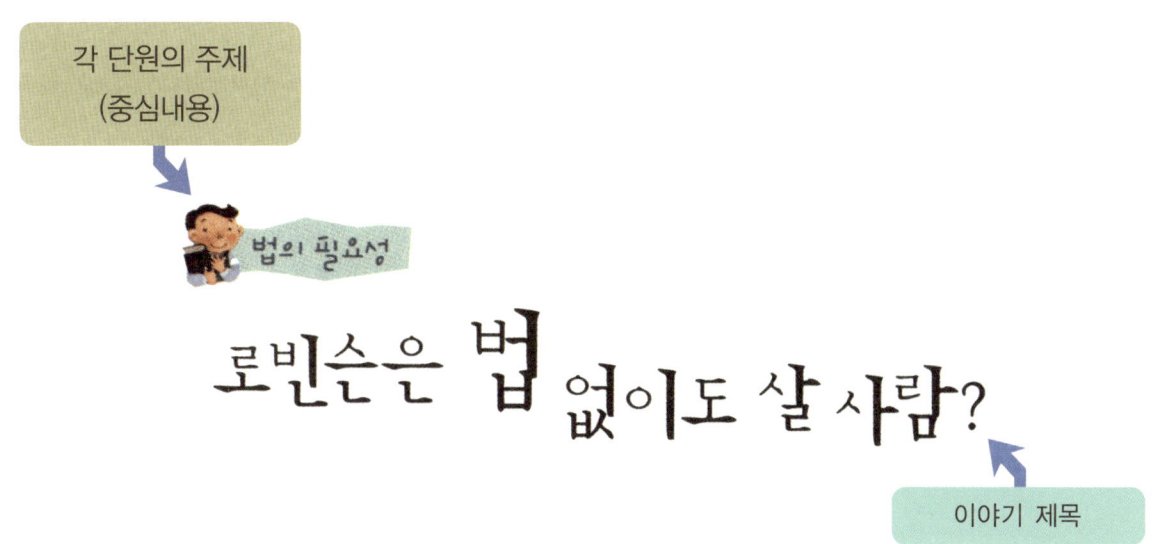

리틀 변호사가 꼭 알아야 할 법 이야기 | 35

책·을·다·시·읽·는·아·이·들

1 법이란 무엇인가요? 법의 의미를 써 봅시다.

2 학교에서 배우는 교과목 중에 '도덕'이 있지요? 도덕은 무엇을 배우는 과목인가요?

3 다음에서 법과 관련이 있는 것에는 동그라미, 도덕과 관련이 있는 것에는 세모 표시를 해 봅시다.

 차례 지키기   신호등 지키기(무단 횡단)   부모님 말씀 잘 듣기

길에 쓰레기 안 버리기   쓰레기 몰래 버리기

4 법과 도덕의 공통점과 차이점을 써 봅시다.

5 아주 오래전에도 법이 있었습니다. 서로 관계가 있는 것끼리 줄을 그어보세요.

6 7월 17일은 제헌절입니다. 제헌절은 어떤 날인지 설명해 봅시다.

_____
_____
_____

7 헌법이 자기소개서를 썼습니다. 빈칸을 완성해 보세요.

내 별명은 _____ 입니다.

왜냐하면 _____ 이기(기) 때문입니다.

내 안에 담긴 중요한 내용은 _____ 와 _____ 입니다.

책·을·다·시·읽·는·아·이·들

8 헌법은 국민의 기본권을 담고 있습니다. 아래 설명에 맞는 기본권을 써 봅시다.

(1) 국민이 국가 권력으로부터 자유를 보장받기 위해 필요한 권리. 예를 들면 종교의 자유 같은 것 ( )

(2) 신분이나 종교, 성별, 지역 등을 이유로 차별받지 않을 권리 ( )

(3) 국민이 인간으로서 누려야 할 최소한의 생활을 국가로부터 보장받을 수 있는 권리 ( )

(4) 국민이 국가의 일에 참여할 수 있는 정치적인 권리 ( )

(5) 국민이 자신의 권리를 침해받았을 때 도움을 청할 수 있는 권리 ( )

9 형법과 민법에 대해 알아봅시다.

(1) 두 법을 설명해 보세요.

(2) 두 법은 우리 생활에서 어떻게 쓰이고 있는지 알아봅시다.

> 옆집 사과나무가 우리 집으로 넘어왔길래 우리집 쪽의 사과를 따서 먹었어요. 그랬더니 옆집 아저씨가 마구 화를 내시며 '법대로 하겠다.'고 하셔요. 이 문제를 해결하려면 어떤 법의 도움을 받아야 할까요?

> 옆 집에 든 도둑을 경찰관이 잡았다고 해요. 이 도둑은 어떤 법에 의거해 처벌을 받을까요?

책을 깊게 읽는 아이들

 아래의 상황을 해결하기 위해서는 어떤 법이 필요할까요?

> 보기
> 인권법-성차별   청소년 보호법   국제법   항공법   도로 교통법
> 국제법   아동 보호법   소비자 보호법   민법   해양법
> 정보 통신망 이용 촉진 및 정보 보호 등에 관한 법률이나 형법

(1) 밤 10시가 넘었어요. 그런데 골목에서 어떤 사람들이 큰 소리로 떠들며 노래를 불러요.

(2) 회사에 취직을 했는데, 여자니까 월급도 적게 주고 승진도 못 시켜 준대요.

(3) 무단 횡단을 하다가 경찰 아저씨에게 걸렸어요. 왜 잡혔을까요?

(4) 동네 슈퍼마켓에서 고등학생에게 담배를 팔았어요.

(5) 우리나라랑 이웃나라 사이에 분쟁이 생겼어요.

(6) 비행기에서 어떤 아저씨가 이상한 물건을 들고 사람들을 마구 위협해요.

(7) 인터넷에 거짓 글을 올려서 다른 사람에게 피해를 주었어요.

(8) 다른 나라와 무역을 하는 데 문제가 생겼어요. 양보할 수가 없어요. 어쩌지요?

(9) 옆집 아저씨가 초등학생 아들에게 돈을 벌어오라고 자꾸 시켜요. 문제가 되나요?

(10) 최신 휴대폰을 샀어요. 그런데 며칠 지나자 자꾸 꺼져요. 구매한 대리점에서는 교환, 환불 모두 못 해 준대요.

(11) 소말리아 해역에서는 해적들이 무역을 하기 위해 다니는 배들을 납치하는 일이 자주 발생했습니다. 우리나라도 청해 부대와 이순신함을 파견했습니다. 우리나라가 이순신함을 파견할 수 있는 법적 근거는 무엇일까요?

리틀 변호사가 꼭 알아야 할 법 이야기 | 39

책·을·내·것·으·로·만·드·는·아·이·들

1 어린이 국회가 열린다면 어떤 법을 제안하고 싶은가요? 제안하고 싶은 법과 그 이유를 말해 봅시다.

⇨ 제안

⇨ 이유

2 앞으로 20년 후를 상상해 봅시다. 사람들의 생활 방식이 지금과는 많이 달라지겠지요? 그 시대에는 어떤 법이 있을까요?

3 아래 사건은 우리나라에서도 여러 번 있었던 일입니다. 여러분이 이 재판의 배심원으로 선정되었습니다. 배심원으로서의 역할을 해 봅시다.

〈국민참여재판〉

2008년 1월 1일부터 국민이 직접 형사 재판에 참여할 수 있는 '국민 참여 재판'제도가 시행되고 있습니다. 5 ~ 9인의 배심원으로 구성된 배심원단은 법관과 함께 형사 재판에 참여하여 피고인에게 죄가 있는지, 어느 정도의 형량으로 처벌해야 하는지에 관하여 의견을 제시할 수 있습니다. (법무부 홈페이지에서 발췌)

어떤 노숙자가 너무 배가 고파 슈퍼마켓에서 빵을 훔치다 잡혔어요. 이 사람은 물건을 훔쳤으니 절도죄에 해당됩니다. 어떤 사람들은 도둑질을 했으니 법의 심판을 받아야 한다고 하고, 어떤 사람들은 배가 고파 훔친 것이니 상황을 이해해 주어야 한다고 합니다.
여러분은 이 문제에 대해 어떻게 생각하나요?

(1) 이 사람은 어떤 법을 위반했고 무슨 죄를 지었나요?

(2) 배심원으로서 판결을 내리고 그런 판결을 내린 이유를 써 보세요.

리틀 변호사가 꼭 알아야 할 법 이야기 | 41

아·이·들·을·위·한·P·S·A·T·와·L·E·E·T

1 다음 글의 주제로 가장 적당한 것은?

'법은 최소한의 도덕'이라는 말이 있어. 이 말에는 '수많은 도덕 가운데 국민으로서 반드시 지켜야 할 것들을 가려 뽑아서 법을 만든다.'는 뜻이 담겨 있어.

많은 사람들이 지키지 않아서 다른 사람들이 불편을 겪는 도덕이 있다면 법으로 정해 놓을 수도 있어. 강제로 지키도록 해서 불편을 겪지 않게 하려는 거지.

'거리에 침을 뱉어서는 안 된다.'

이건 처음엔 공중도덕이었어. 그런데 지금은 가벼운 범죄인 경범죄에 해당돼. 비록 가벼운 범죄라고 할지라도 경범죄 처벌법에 의해서 처벌을 받게 되는 거야.

이제 법과 도덕이 어떤 관계인지 알 수 있겠지?

그렇다고 도덕을 가볍게 생각해서는 안 돼. 모든 사회가 법만으로 유지될 수는 없거든. 도덕 역시 우리가 지켜야 할 사회 규범 가운데 하나이고, 사람으로서 마땅히 지켜야 할 도리야. 질서 있는 사회를 만들기 위해선 도덕을 잘 지키는 것이 정말 중요하단다.

본문 18 ~ 19쪽에서

① 도덕의 중요성
② 법은 최소한의 도덕
③ 법으로 유지되는 사회
④ 질서 있는 사회의 조건
⑤ 우리가 지켜야 할 규범

2 아래 글은 법의 속성을 보여 주는 실제 사례입니다. 5명의 친구가 이 글을 통해 얻은 정보를 정리했습니다. 이 글과는 관계가 없는 정보를 쓴 친구는?

> 옛날, 엄마 아빠가 어렸을 적에 농촌과 어촌에 초가집들이 많았어요. 초가집은 볏짚이나 밀짚 같은 것을 엮어서 지붕을 인 집을 말해요.
>
> 그런데 요즘은 농촌이나 어촌에 가도 초가집을 보기 힘들어요.
>
> 그렇게 된 데에는 농어촌 개량 촉진법이 한몫을 단단히 했어요. 이 법은 농촌과 어촌의 생활 환경, 특히 주거 환경을 좀 더 좋게 만들기 위해서 1967년에 생겨났지요.
>
> 이 법이 생기면서 나라에서는 초가지붕을 기와지붕이나 슬레이트 지붕으로 바꾸도록 했어요. 초가지붕에 쓰이던 볏짚은 퇴비를 만드는 데 쓰이거나 땔감으로 쓰였어요. 그뿐 아니라 가마니를 짜고 새끼를 꼬아 쓸 수도 있었죠.
>
> 이렇게 해서 우리 농어촌에서 초가집들이 사라지게 된 거예요. 초가집들이 없어지자 농어촌 지붕 개량 촉진법은 더 이상 필요 없어졌어요. 그래서 결국 이 법은 1995년에 사라지고 말았답니다.
>
> 본문 28 ~ 29쪽에서

① 민수 – 법은 사람들의 필요에 의해 생겨난다.
② 유진 – 법도 사람처럼 태어나서 자라고 죽는다.
③ 미나 – 법이 주거 환경을 바꾸기 위해 강제력을 썼다.
④ 영일 – 법을 통해 그 당시 사람들의 생활 모습을 알 수 있다.
⑤ 한민 – 법이 농어촌의 경제 발전을 위해 중요한 역할을 했다.

리틀 변호사가 꼭 알아야 할 법 이야기

초정리 편지

배유안 글 | 홍선주 그림 | 창비

영역 | 문학 언어(역사동화)
주제 | 역경 극복

목표

장운과 세종 대왕의 만남을 바탕으로 훈민정음의 의의를 살피고, 오늘날 한글의 정체성을 바르게 이해할 수 있다.

줄거리

장운은 병든 아버지와 누나와 살고 있다. 어느 날, 초정리로 요양 온 토끼 눈 할아버지를 만나 할아버지로부터 새로운 글자를 배운다. 장운은 글을 깨친 후 누나와 편지를 나누게 되고 석공으로서의 꿈을 키워 나간다. 다른 석공들에게 글을 가르치기도 한다. 결국 한양에서 토끼 눈 할아버지를 다시 만난다.

도서 선정 이유

세종 대왕이 훈민정음을 창제한 후 반포하기까지 3년 간의 행보를 상상해 볼 수 있게 해 준다. 나랏말과 글의 소중함을 잊고 사는 현대인들에게 우리글의 중요성을 일깨우기에 충분하다. 또한 15세기 훈민정음의 모습을 살필 수 있는 기회를 제공한다.

1 우리는 순화되지 않은 말(순화대상어)을 많이 사용하고 있습니다. 다음 쓰인 말들을 순화어로 바꾸어 봅시다.

2 아래 글자는 지금은 사라진 훈민정음의 옛 음운입니다. 명칭을 익히고 과연 어떤 소리가 났을지 짐작해 봅시다.

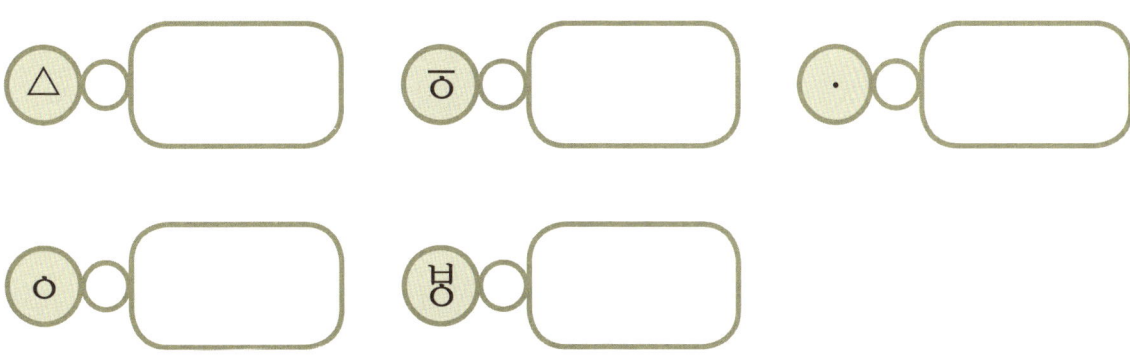

책·을·다·시·읽·는·아·이·들

1 세종 대왕이 초정리를 찾은 이유는 무엇인가요?

2 장운은 어린 나이에 가족의 생계를 책임집니다. 장운은 어떤 방법으로 생계를 이어 갔나요?

3 토끼 눈 할아버지가 장운에게 글을 배우겠느냐고 제안했을 때 장운은 선뜻 배우겠 다고 대답합니다. 장운의 가족은 글 때문에 어떤 억울한 일을 당했나요?

4 덕이 누나는 남의집살이하러 떠납니다. 아버지가 덕이를 남의 집으로 보내지 않으 려고 한 이유는 무엇인가요?

5 장운은 멀리 떠난 누나와 소식을 주고받게 됩니다. 그들은 어떤 방법으로 서로 소식을 전했나요?

6 장운은 돌을 다듬을 때 어떤 기분이 들었나요?

7 장운은 다시 토끼 눈 할아버지를 만나게 됩니다. 그들의 재회를 도운 사건은 무엇인가요?

8 장운이 훈민정음을 쉽게 익히고 다른 사람들에게도 쉽게 가르칠 수 있었던 이유는 무엇인가요?

'한글'이라는 명칭은 주시경 선생이 1927년에 기관지인 〈한글〉을 펴내기 시작하면서 널리 쓰이게 되었다.

1 장운은 어떤 아이인가요? 가족 관계, 생활 환경 등을 중심으로 정리해 봅시다.

....

....

....

....

....

2 지게를 지고 산에 오르는 장운은 노래를 부릅니다. 장운이 부르는 노래를 통해 가슴에 담긴 그의 속내를 짐작해 봅시다.

> 앞산아 뒷산아,
> 내 밥그릇 너 가져가고
> 네 밥그릇 내 가져오고
> 밥그릇 국그릇 바꾸-자.

3 글자를 깨우친 장운의 변화는 세종 대왕에게 어떤 의미로 새겨질까 이야기해 봅시다.

4 실제 세종 대왕은 1443년에 훈민정음을 창제했지만 1446년에 비로소 반포하게 됩니다. 3년간 세종 대왕에게는 어떤 일들이 있었을지 짐작해 봅시다.

5 세종 대왕은 훈민정음을 창제하게 된 배경을 아래 〈훈민정음 언해〉의 서문에 밝혔습니다. 훈민정음을 창제하게 된 세종대왕의 창작 동기를 살펴봅시다.

나랏말쓰미 中듕國귁·에 달·아 文문字쭝·와·로 서르 스뭇·디 아·니 홀·씨 ·이런 젼·ᄎᆞ·로 어·린 百ᄇᆡᆨ姓셩·이 니르·고·져 ·홇·배 이·셔·도 ᄆᆞ·ᄎᆞᆷ:내 제·ᄠᅳ·들 시·러 펴·디 :몯홇 ·노·미 하·니·라 ·내 ·이·ᄅᆞᆯ 爲·윙·ᄒᆞ·야 :어엿·비 너·겨 ·새·로 ·스·믈여·듧 字쭝·를 밍·ᄀᆞ노·니 :사·ᄅᆞᆷ :마·다 :ᄒᆡ·ᅇᅧ :수·ᄫᅵ 니·겨 ·날·로 ·ᄡᅮ·메 便뼌安ᅙᅡᆫ·킈 ᄒᆞ·고·져 홇 ᄯᆞᄅᆞ·미니·라

* 어리다 : 어리석다   * 하다 : 많다   * 어엿비 : 불쌍히

책·을·내·것·으·로·만·드·는·아·이·들

1 그 당시 많은 선비들은 훈민정음 창제를 반대합니다. 최만리의 상소 내용을 살펴보고 한 가지 조항을 선택해서 그에 대한 세종 대왕의 입장을 대변해 봅시다.

최만리의 입장	세종 대왕의 입장
첫째, 한자와 다른 소리 글자를 만드는 것은 중국에 대해서 부끄러운 일이다.	
둘째, 한자와 다른 글자를 가진 몽고, 서하, 여진, 일본, 서번(티베트) 등은 하나 같이 오랑캐들뿐이니, 새로운 글자를 만드는 것은 스스로 오랑캐가 되는 일이다.	
셋째, 새 글자는 이두보다도 더 비속하고 쉽기만 한 것이라 우리네 문화 수준을 떨어지게 할 것이다.	
넷째, 송사에 억울한 경우가 생기는 것은 한자나 이두가 어려워서가 아니라 관리의 자질에 따른 것이니 새 글자를 만들 이유가 되지 못한다.	
다섯째, 새 글자를 만드는 것은 풍속을 크게 바꾸는 일인데, 적은 수의 사람들만으로 졸속 추진하고 있고, 상감은 몸을 해쳐 가며 지나친 정성을 쏟고 있다.	
여섯째, 학문과 수도에 정진해야 할 동궁(문종)이 인격 성장과 무관한 글자 만들기에 정력을 소모하는 것은 옳지 못하다.	

2 작가 배유안 선생님은 세종 대왕이 시집간 딸에게 한글을 시험해 보았다는 실제 이야기를 듣고 이 책을 쓰게 되었다고 합니다. 작가의 창작 동기를 통해 알 수 있는 역사 동화의 의의를 두 가지 이상 이야기해 봅시다.

3 국제화 시대를 살고 있는 지금, 한글 전용에 대한 부정적인 시각도 많습니다. 이러한 시각에 대한 자신의 생각을 이야기해 봅시다.

4 이 책을 읽고 나서 생각나는 것이 있었나요? 어떤 것이든 자유롭게 이야기해 봅시다.

아·이·들·을·위·한·P·S·A·T·와·L·E·E·T

1 아래 글에 나오는 할아버지의 면모를 적절하게 표현한 것은?

> "혼자 산을 넘어온 것이냐?"
> "예, 약수를 받다가 토끼를 보고 쫓아왔습니다. 그, 그거 잡으면 쌀 한 되하고 바꿀 수 있거든요."
> "쌀 한 되? 그래, 잡았느냐?"
> "못 잡았습니다."
> "거참, 안됐구나."
> "예, 아비하고 누이한테 싸, 쌀밥 좀 해 주려고 했는데……."
> 장운은 고개만 슬쩍 들어 보았다. 그러다 양반 어른과 눈이 마주쳐 다시 고개를 푹 숙였다. 아무 소리도 들리지 않아 다시 슬그머니 고개를 들었다. 양반 어른은 눈이 빨갛고 눈꺼풀이 조금 부어 있었다.
> "그런데 할아버지, 아니 저, 어르신, 아, 저기……."
> 장운이 더듬거리자 양반 어른이 크게 웃었다.
> "허허, 할아버지, 그거 듣기 좋구나. 할아버지라고 하여라."
> "예에, 하, 할아버지"
> 장운이 머리를 긁적이며 웃자 양반 어른도 빙긋이 웃었다.
>
> 본문 16쪽에서

① 처음 만나는 사람을 힘들게 한다.
② 손자뻘 되는 장운이를 멀리하려고 한다.
③ 신분에 얽매이지 않고 모든 사람을 평등하게 대한다.
④ 쌀 한 되와 토끼는 교환 가치가 맞지 않다고 생각한다.
⑤ 모든 사람들에게 할아버지라는 호칭으로 불리는 것을 좋아한다.

2 밑줄 친 세종 대왕의 말이 의미하는 바가 아닌 것은?

> "허허허, 네 누이가 그리도 고우냐?"
> "예, 참말로 곱습니다. 이제 누이도 글을 쓸 수 있답니다. 제가 가르쳐 주었습니다."
> "그러냐? 누이도 쉽게 익히더냐?"
> "예, 저하고 마당에서 글자 놀이도 합니다. 그런데 누이는 할아버지가 부자이고 양반인 데도 근심이 있는 게 이상하다고 했습니다."
> "<u>허허, 너와 네 누이가 내 근심을 많이 덜어 주었느니라.</u>"
> "예? 그게 무슨 말씀이십니까?"
> 할아버지(세종 대왕)는 빙그레 웃었다.
>
> 본문 35 ~ 36쪽에서

① 세종 : 자, 또 보아라, 'ㄱ, ㅋ'을 'ㅡ'라는 글자하고 같이 쓰면 '그, 크'가 되느니라.
   장운 : 그, 크
   세종 : 여기 이 낱글자만 다 익히면 말하고 싶은 것을 글로 쓸 수 있느니라.
   장운 : 신기합니다. 글자라는 게 어려운 게 아니네요.
② 장운 : 그런데 다른 사람들도 이 글자를 압니까?
   세종 : 곧 다 알게 될 것이다.
   장운 : 예에?
   세종 : 네가 다른 사람들에게 가르쳐 주려므나.
③ 장운 : 누이가 쓴 거예요. 정자에서 양반 할아버지가 가르쳐 준 글자로요.
   아버지 : 참말이냐? 이이고 덕아, 참말로 고맙다.
   장운 : 아버지, 저도 누이한테 편지를 쓸 거예요.
④ 세종 : 그래, 내가 눈병이 났구나. 이 근처 약수가 좋다 하여 쉬러 왔느니라.
   장운 : 예, 헤헤. 저만 아는 약수가 있는데, 거기 물도 감칠맛이 나고 효험이 있다고 합니다.
   세종 : 허허, 그러냐? 그럼 나한테도 약수 한 병 떠다 주련?
⑤ 상수 : 인마, 글이라는 게 아무나 쓰는 게 아니야. 양반이나 우리 중인은 되어야 쓰는 거지, 너같이 노비 출신이 글은 무슨 글이냐? 웃기게.
   장운 : 그 글자는 백성들 누구나 다 쓰라고 만든 거예요.

3 다음 글에서 장운과 상수는 각각 잘못을 범하고 있습니다. 장운과 상수가 저지른 잘못과 <u>다른</u> 것은?

> 장운 : 그 글자는 백성들 누구나 다 쓰라고 만든 거예요.
> 상수 : 누구나? 그 글자는 못 써, 인마. 필요 없다고 다들 반대하는 글자야.
> 장운 : 윤 초시 댁 마님도 좋은 글자라고 하셨어요.

① 왜 나한테만 공부 않는다고 야단이야. 형은 뭐 항상 공부만 해?
② UFO는 있어. 우리 삼촌이 있다고 했어. 우리 삼촌은 대학생이야.
③ 모 회사의 치약으로 양치질을 하는 사람이 9백만 명이나 된다. 그러므로 그 회사의 치약은 가장 좋은 제품이다.
④ 이번에 발생한 정치 문제를 해결하기 위하여 우리는 아인슈타인의 견해를 받아들여야만 한다. 왜냐하면 그는 노벨상 수상자이기 때문이다.
⑤ 최근 조사 결과가 이 세탁기는 우리나라 가정주부의 80%가 사용하고 있는 것으로 나타났습니다. 그러니 이 세탁기는 성능이 뛰어남이 분명합니다.

세상 모든 화가들의 그림 이야기

장세현 글 | 꿈소담이

영역 | 인문 예술
주제 | 명화 이해

목표

1. 명화 속 숨은 이야기를 알 수 있다.
2. 화가들의 삶과 노력을 이해할 수 있다.
3. 명화를 보는 재미와 흥미를 느낄 수 있다.

줄거리

　원시 시대 동굴 벽화에서부터 20세기 작품까지 명화 속에 숨어 있는 이야기를 통해 화가들의 집념과 작품 활동 그리고 화가들의 삶을 보여 준다.

도서 선정 이유

　21세기를 살고 있는 아이들은 미술관에 가더라도 어른들의 강요에 의해 가는 경우가 많다. 또한 그림을 어렵고 재미없다고 느끼는 어린이들이 많은데, 이 책은 명화를 보는 새로운 시각과 흥미를 일깨워 준다.

1 맞는 것끼리 줄을 그어 봅시다.

뭉크처럼 그림에 감정을 담아 그리되, 주로 어둡고 추한 모습으로 담는 것	모자이크
유대교 전통의 헤브라이즘과 달리 그리스 고유의 문화가 오리엔트 문화와 융합하여 이루어 낸 문화	르네상스
유리나 돌 따위의 여러 가지 조각들을 꼼꼼하게 짜 맞추어 완성시킨 작품	사실주의
거리에 따라서 크기의 비율을 달리하여 그리는 방법	소실점
회화나 설계도 등에서 물체의 연장선을 그었을 때, 선과 선이 만나는 점	입체파
각자의 개성을 존중하고 인간성을 회복하려는 노력으로 인해 학문이 크게 발달하고 문화가 꽃핀 시기	표현주의
쿠르베처럼 사실을 그리되 눈에 보이는 그대로를 그리기보다 잘못된 사회 구조와 현실을 표현하는 것	헬레니즘
모네처럼 19세기 후반 프랑스에서 활동. 표현 대상의 고유한 색채보다 강렬한 색감으로 첫인상을 화폭에 담는 유파	원근법
피카소처럼 대상을 기하학적 형태로 분해하고 재구성하여 입체를 평면에 표현하는 것	인상파

세상 모든 화가들의 그림 이야기

책·을·다·시·읽·는·아·이·들

1 원시인들은 왜 동굴 벽에 야생 동물들의 그림을 그렸나요?

2 피라미드는 옛날 이집트 왕들의 무덤입니다. 이집트에서는 왕을 파라오라고 칭했습니다. 파라오의 뜻은 무엇이고 왕의 시체를 보존한 이유는 무엇인가요?

3 예수님의 기적 이야기를 모자이크로 표현한 〈빵과 물고기의 기적〉을 보면 예수님이 제자의 발을 밟고 있습니다. 그리스에는 오늘날에도 신혼부부가 발을 밟는 풍습이 남아 있습니다. 어떤 이유 때문인가요?

4 레오나르도 다빈치의 작품 중 〈모나리자〉는 미완성 작품입니다. 미완성이 될 수밖에 없었던 이유는 무엇인가요?

5 〈레우키포스 딸들의 납치〉와 〈파리스의 심판〉을 그린 화가 루벤스가 등장하는 동화의 이름은 무엇인가요? 네로가 주인공입니다.

6 들라크루아의 〈민중을 이끄는 자유의 여신〉에 나오는 여신이 상징하는 사람은 누구인가요?

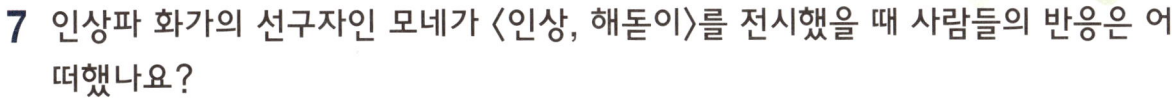

7 인상파 화가의 선구자인 모네가 〈인상, 해돋이〉를 전시했을 때 사람들의 반응은 어떠했나요?

8 〈지옥의 문〉에는 〈생각하는 사람〉을 비롯해 〈키스〉, 〈세 망령〉, 〈아담〉, 〈이브〉 등이 들어 있어요. 현대 조각의 아버지라고 불리는 이 사람은 누구인가요?

책·을·깊·게·읽·는·아·이·들

1 보티첼리의 〈비너스의 탄생〉이 르네상스 시기에 중요한 의미를 가지는 이유는 무엇인가요?

2 〈천지 창조〉는 미켈란젤로가 남긴 세기의 명작입니다. 〈천지 창조〉를 완성하는 데 따른 화가의 어려움과 노력에는 어떤 것이 있었는지 말해 봅시다.

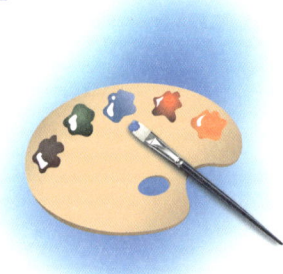

3 사진의 발명은 미술에 큰 타격을 입히기도 했지만 도움을 주기도 했습니다. 타격과 도움은 각각 무엇인가요?

4 현대 미술의 아버지 세잔이 주로 그린 그림은 무엇이며, 그것을 통해 그가 표현하려고 했던 것은 무엇인가요?

5 한때 목사의 꿈을 갖고 있었지만 끝내 꿈을 이루지 못하고 27살부터 그림을 그리기 시작한 화가 고흐의 작품들 중에 한 가지를 선택해 느낌을 말해 봅시다.

책·을·내·것·으·로·만·드·는·아·이·들

1. 화가들은 대부분 불행한 삶을 살았지만, 새로운 미술의 세계를 열기 위해 끊임없이 노력을 기울였습니다. 화가들의 삶을 통해 느낀 점을 말해 봅시다.

2. 고흐와 고갱은 아주 다른 사람이면서도 서로 닮은 점이 많은 화가였어요. 고흐와 고갱의 닮은 점과 다른 점에 대해 서술해 봅시다.

3. 세잔과 유명한 소설가 에밀 졸라는 절친한 친구였어요. 그러나 에밀 졸라는 자신과 뜻을 같이하지 않는 세잔을 못마땅하게 생각했습니다. 이런 에밀 졸라의 태도에 대해 어떻게 생각하는지 자신의 생각을 100자 내외로 써 보세요.

4 렘브란트는 불행한 삶을 살다가 죽은 화가입니다. 그림 솜씨는 뛰어났지만 사람들이 원하는 대로 그려 주지 않고 자신의 생각대로 그림을 그렸기 때문에 재능을 인정받지 못했습니다. 만약 여러분이 렘브란트라면 어떻게 했을지 말해 봅시다.

5 명작 감상은 잘 하셨나요? 필독서에 소개된 작품 중 가장 마음에 드는 작품을 선정하고 선정한 이유와 함께 간단한 감상 소감을 써 봅시다.

세상 모든 화가들의 그림 이야기

아·이·들·을·위·한·P·S·A·T·와·L·E·E·T

1 다음 글로부터 이끌어 내기 <u>어려운</u> 사실은?

> 옛날 그리스와 트로이가 전쟁을 벌이고 있었어요. 그리스는 성을 포위한 채 여러 해 동안 공격을 퍼부었어요. 하지만 트로이군은 성문을 잠근 채 굳게 지켰기 때문에 성은 쉽게 함락되지 않았어요. 그러던 어느 날이었어요. 성에서 망을 보던 트로이 병사가 깜짝 놀라 소리쳤어요.
> "앗, 그리스 군사들이 모두 물러갔다!"
> 트로이 병사들은 모두들 뛰쳐나와 성밖을 내다보았어요. 얼마 전까지만 해도 개미떼처럼 성문 밖에서 우글거리던 그리스 군사들이 하룻밤 새 모두 사라졌어요.
> "야호! 우리가 이겼다!"
> 트로이 병사들은 우르르 성문을 열고 밖으로 나왔어요.
> 그리스 군사들이 물러간 자리에는 나무로 만든 큰 말이 있었어요. 그것은 정말 크기가 어마어마했어요. 병사들은 그 목마를 호기심 어린 얼굴로 살펴보았지요.
> "야, 이 속엔 보물이 들었을 거야. 성 안으로 끌고 가자!"
>
> 본문 23 ~ 24쪽에서

① 트로이 사람들은 욕심이 많았다.
② 그리스 사람들은 목각 예술이 뛰어났다.
③ 트로이의 병사들은 슬기롭고 지혜로웠다.
④ 트로이군은 성을 견고하게 쌓는 기술이 있었다.
⑤ 옛날 그리스와 트로이는 서로 사이가 좋지 않았다.

2 이브가 선악과를 따먹은 이유로 가장 적절한 것은?

> 아담과 이브는 에덴 동산에 살았어요. 에덴 동산은 갖가지 아름다운 나무가 무성하고, 수정같이 맑은 강물이 흐르는 지상 낙원이었어요.
> "너희가 이 동산의 주인이니 온갖 나무의 열매를 다 따먹어도 좋다. 그러나 동산의 한가운데 있는 선악의 나무 열매만은 따먹지 말아라. 그 열매를 먹는 날이면 반드시 죽을 것이다."
> 아담과 이브는 하나님의 말씀을 깊이 새겼어요. 그래서 선악의 열매가 있는 곳에는 그 근처에도 가지 않았어요. 그러던 어느 날, 간사한 뱀이 이브를 꼬이기 시작했어요.
> "이브야, 하나님이 선악의 열매를 왜 못 먹게 하는 줄 아니?"
> "그걸 먹으면 곧바로 죽는댔어."

> "그건 거짓말이야. 그 열매를 먹으면 너희도 하나님처럼 눈이 밝아져서 선과 악을 알게 되고, 커다란 지혜를 얻을 수 있어!"
> 이브가 선악의 열매를 보니, 과연 다른 것보다 빛깔도 곱고 먹음직스러웠어요.
> 뿐만 아니라 먹으면 금방이라도 사람을 슬기롭게 할 것처럼 탐스러워 보였지요. 마침내 이브는 뱀의 꼬임에 넘어가 그 열매를 따먹고 말았어요.
>
> 본문 71 ~ 72쪽에서

① 배가 고팠기 때문이다.
② 에덴동산에 먹을 것은 선악과밖에 없었기 때문이다.
③ 선과 악을 알고 커다란 지혜를 얻고 싶었기 때문이다.
④ 동산의 주인으로서 당연히 먹을 수 있다고 생각했기 때문이다.
⑤ 다른 열매보다 빛깔이 곱고 먹어 본 적이 없는 열매이기 때문이다.

3 글과 그림을 보고 올바른 감상을 하지 못한 사람은?

> 밀레는 침대를 팔아서 끼니를 때울 만큼 생활이 어려웠어요. 게다가 파리에 살 때부터 앓아 온 두통이 심해졌어요. 머리가 너무 아파 아예 그림을 그리지 못할 때도 있었어요. 그러나 온갖 고통과 어려움을 이겨 내고 1857년 〈이삭줍기〉를 완성했어요. 세 명의 시골 아낙네들이 가을걷이가 끝난 들판에서 허리를 구부려 이삭을 줍고 있는 모습을 그린 그림이에요. 여기에는 화려한 색채도 없고, 신화 속의 이야기나 우아한 인물도 없지만 멀리 산더미처럼 쌓인 짚더미가 보이는 평화로운 농촌 풍경과 허리를 굽힌 아낙네의 모습에서 한 알의 곡식이라도 소중히 여기는 농부의 마음을 읽을 수 있어요.
>
> 본문 121쪽에서

① 정선 – 곡식을 거두는 것은 쉽지 않고 농부의 피와 땀의 결실 같아.
② 재균 – 이 그림을 통해 우리도 곡식의 소중함을 알아야 할 것 같아.
③ 민주 – 이 그림은 농촌을 소재로 그렸지만 많은 색을 써서 아름다운 것 같아.
④ 선균 – 밀레는 어려움 속에서 자신의 일에 최선을 다해 명화를 남긴 것 같아.
⑤ 수민 – 그림 속 풍경은 평화롭고 온화함이 느껴져서 내 마음도 평화로워지는 것 같아.

창의독서
지도교재

독서만이 가다가 중지해도 간 것만큼 이득이다.

로직아이 샘 〈빨강〉 - 4단계　　로직아이 샘 〈파랑〉 - 6단계　　로직아이 샘 〈노랑〉 - 6단계　　로직아이 샘 〈초록〉 - 6단계

　　김태옥 교수를 비롯하여 현직 초등학교 교사와 대학교 전공 교·강사, 독서지도사 전문강사, NIE강사, 논술지도 강사 그리고 방과후 학교 교사 등 150여 명의 집필 위원이 아이들에게 실제로 적용하면서 만든 국내 유일의 독서지도만을 위한 교재(YES24, 인터파크, 알라딘 등 인터넷 서점이나 교보문고에서 〈독서지도교재〉를 검색해 보세요.)
　　(글쓰기와 논술 그리고 토론은 교사를 잘못 만나면 가르치지 않는 것만 못하다. 그러나 독서지도는 엄마가 같이해도 좋고 선생님과 같이해도 좋다. 사랑을 같이한 시간만큼 이득이다.)

로직아이 리딩교육원은 여러분을 독서지도전문가의 길로 안내해 드립니다!

작가, 작품을 말하다! 코너에서는 김향이, 소중애, 원유순, 배유안, 이규희, 권영상, 한정기, 임정진, 손연자 선생님 등 동화작가들의 동영상 강의를 로그인만 하면 무료로 보고 들을 수 있습니다!

독서지도사 양성과정

14명의 국내 최고의 전문가들로
이루어진 독서지도사 양성과정
자격증 시험 실시

글쓰기 교재 〈쓰마〉 해제강의

유치원생과 초등학생을 지도
하시는 학부모와 선생님은
글쓰기 교재 〈쓰마〉 해제 강의를
들을 수 있습니다(편당 2,000원).

(03998) 서울시 마포구 잔다리로 120 (서교동 457-6) 303호
전화 : (02)747-1577　팩스 : (02)747-1599

학부모와 선생님을 위한 **논리독서**

길라잡이

〈로직아이 샘〉과 길라잡이 사용 방법

| 특징 |

1. 〈로직아이 샘〉 1권은 6편의 동화로 구성되어 있으며, 동화 1편은 표지 포함 10쪽으로 이루어져 있다.
2. 〈로직아이 샘〉은 독서지도사, 방과후 학교 교사, 글쓰기 논술 학원 교사 그리고 서술식 문제로 출제 평가하는 초등학교 중학교 교사에게 필요한 교재이다.
3. 동화 한 편의 워크북은 90분 수업에 적합하도록 구성했다.
4. 6권의 필독서이므로 한 달 반 또는 세 달 사이에 교재 한 권의 진도를 나갈 수 있다.
5. 한 권의 독서지도 교재에는 5개 영역(문학 언어, 인문 예술, 사회, 역사 인물, 과학 탐구)을 담되, 1권당 문학 언어 영역이 1/2이 넘도록 했다.

1~2학년은 1단계, 2~3학년은 2단계, 4~5학년은 3단계, 5~6학년은 4단계로 구분했지만, 아이들의 취향이나 선생님의 지도방법에 따라 선택 지도할 수 있다.

| 각 꼭지 별 내용 |

* 각 작품의 첫 쪽에는 책의 줄거리와 도서 선정 이유를 담고 있다.

'책을 펴는 아이들'은 읽기 전 활동에 해당한다.

'책을 다시 읽는 아이들'은 책을 다 읽은 후에, 책의 내용을 다시 한 번 점검하는 활동을 담고 있다.

'책을 깊게 읽는 아이들'은 주제를 심화시키는 활동에 해당한다.

'책을 내 것으로 만드는 아이들'은 독서 내용을 확장하는 활동 꼭지이다.

'아이들을 위한 PSAT와 LEET'는 논리적인 사고를 훈련하는 꼭지다. PSAT(공직적성평가)와 LEET(법학적성평가) 형식의 문제 유형을 초등학생 버전으로 만든 것이다.

깡통 소년

 책을 펴는 아이들(5쪽)

(1) [정답] | 출고
예 : 우리 상품은 15일 내로 출고됩니다.
(2) [정답] | 홈쇼핑
예 : 우리 엄마는 대부분 홈쇼핑을 통해 옷을 구입하신다.
(3) [정답] | 술
예 : 내 부츠에는 예쁜 분홍색 술이 달려 있다.
(4) [정답] | 제복
예 : 하늘색 제복을 입은 사람들이 여기저기 숨어 있었다.
(5) [정답] | 쏘아보다
예 : 키티는 콘라트를 놀려 대는 아이들을 쏘아보았다.
(6) [정답] | 실토하다
예 : 엄마가 모든 것을 알고 계신 듯하여 사실대로 실토할 수밖에 없었다.

책을 다시 읽는 아이들(6~7쪽)

[정답]

| ① 바톨로티 부인 ④ 키티 | ⑥ 약국 ② 인스턴트 공장 |
| ③ 에곤 씨 ⑦ 콘라트 | ⑤ 특별한 방법 |

책을 깊게 읽는 아이들(8~9쪽)

1. [예시답]
(바톨로티 부인)
성격 – 자유분방하다. 다른 사람의 생각에 자신의 생각을 맞추려고 하지 않는다.
학교 생활 – 공부를 꼭 잘해야 하는 것은 아니다. 학교 생활이 재미있으면 된다고 생각한다 (95쪽).
(에곤 씨)
직업 – 약국을 운영한다. 매일 아침 정해진 시각에 문을 연다.

2. [예시답 1]
나는 바톨로티 부인이 더 적합하다고 생각한다. 부인은 아이의 마음을 잘 헤아려 주기 때문이다. 양육에 있어서 가장 중요한 것은 아이의 입장에서 배려해 주고 그 마음을 읽어 주는 것이라 생각한다. 그런데 에곤 씨는 자신의 입장만을 고집하기 때문에 아이들이 스트레스 받을 것 같다.

[예시답 2]

나는 에곤 씨가 더 적합하다고 생각한다. 바톨로티 부인의 생활 태도는 문제가 많다. 불규칙하고 제멋대로인 생활은 아이들이 학교생활에 적응하지 못하게 만든다. 에곤 씨는 일반적으로 옳다고 생각하는 상식적인 사고방식을 가지고 있어서 부모로서 더 적합하다고 생각한다.

[길라잡이]

1번에서 정리해 본 바톨로티 부인과 에곤 씨의 차이점을 토대로 어떤 사람이 부모님으로 적합한지 설명해 보도록 한다. 이유를 설명하는 과정에서 그 인물의 장점과 상대 인물의 단점을 각각 정리하다 보면 자연스럽게 바람직한 부모상에 대해 생각하게 될 것이다.

3. [길라잡이]

콘라트의 생활을 감정 곡선으로 나타내 본다. 정해진 답이 있는 것이 아니니 자유롭게 그려 보도록 한다. 단, 적절한 설명을 덧붙이도록 유도하는 것이 필요하다.

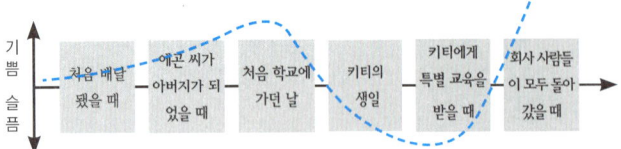

4. [예시답 1]

바톨로티 부인의 말이 맞다고 생각해요. 무조건 남자가 여자를 보호해 줘야 한다는 생각은 일종의 고정 관념이에요. 사람마다 조금씩 다른 법인데 모든 사람을 다 똑같이 대해야 하고 똑같이 판단하는 것은 옳지 못한 일이라고 생각합니다. 그리고 다른 사람의 생각에 맞춰 생활하다 보면 행복하지도 못할 것 같아요.

[예시답 2]

저는 바톨로티 부인의 말에 반대합니다. 세상은 다른 사람들과 함께 어울려 사는 곳입니다. 바톨로티 부인의 말에도 일부 공감하긴 하지만 부인 스스로도 다른 사람과는 다른 생각과 옷차림 때문에 외롭게 지내왔잖아요. 자신의 생각도 중요하지만 다른 사람과 어울려 지낼 수 없을 정도로 자기 생각만 고집하는 것은 문제가 있습니다. 어느 정도는 다른 사람의 생각에 자신의 생각을 맞출 필요가 있는 것 같습니다.

[길라잡이]

학교 생활에 잘 적응하지 못해 친구들로부터 괴롭힘을 받는 콘라트를 키티가 보호해 준다. 제시된 글은 여자가 남자를 보호해 주는 상황이 이상하다고 말하는 콘라트에게 바톨로티 부인이 해 주는 말이다.

바톨로티 부인은 평소에도 다른 사람의 이목에 신경쓰기보다는 자신의 생각대로 행동한다. 바톨로티 부인의 생각에 대해 학생들은 어떻게 생각하는지 이유와 함께 적어 보도록 한다.

책을 내 것으로 만드는 아이들(10~11쪽)

1. [예시답]

(1) 부인은 친구들이 바보라고 놀리자 그냥 장난친 걸 거라고 안심시켜 주었어요(103쪽). 그리고 부인은 다른 사람 말에 신경쓰기보다는 자신감을 갖고 행동하도록 콘라트를 북돋아 주었어요(116쪽).

(2) 때로는 진실을 알려 주는 것보다 마음을 안정시켜 주는 말이 더 도움이 될 때가 있다. 부인의 이런 태도에 콘라트는 마음이 든든해졌을 것이다. 그리고 부인이 자신을 사랑한다는 것을 느낄 수 있었을 것이다.

(3) 바톨로티 부인도 콘라트를 사랑하는 것이 분명하지만 콘라트의 입장에서는 부인의 독특한 생활 방식이 조금은 불안했을 것이다. 때와 장소에 관계없는 옷차림과 화장법, 불규칙한 생활, 그리고 정돈되지 않은 생활 환경 등은 콘라트가 공장에서 배웠던 보통 사람들의 생활과는 거리가 있기 때문이다. 그에 비하면 에곤 씨는 콘라트가 공장에서 배운 대로의 모습을 보여 주는 비교적 안정적인 생활을 하는 사람이다. 일정한 직업이 있고 규칙적인 생활을 한다. 그리고 무엇보다 콘라트의 행동에 대해 무조건적인 지지를 보내 준다. 그런 에곤 씨가 바톨로티 부인으로부터 받은 불안감을 해소시켜 주었다고 할 수 있다. 그래서 콘라트가 에곤 씨를 따랐다고 할 수 있다.

(4) 키티는 콘라트의 열렬한 지지자이다. 콘라트의 비밀을 알고 친구들의 놀림으로부터 지켜 준다. 보통 아이들이 가져야 할 태도에 대해 조언해 주고 친구들과 어울려 지낼 수 있도록 충고도 해 준다. 키티는 공장에서 지식만 습득한 콘라트에게 또래 아이들이 지녀야 할 속성에 대해 피부로 체험할 수 있는 기회를 만들어 주고 그것을 완전히 습득하기까지 보호막이 되어 주는 존재이다.

[길라잡이]

콘라트가 처음 보는 사람들과 가족을 이룰 수 있었던 과정을 살펴보면서 대답해 본다.

2. [예시답]
가족을 대할 때는 키티가 콘라트를 이해했던 것처럼 상대방을 이해하는 태도가 필요하다. 내 입장에서만 생각할 것이 아니라 상대방의 입장에서 생각하면 싸움도 줄고 화목해질 것이다.
[길라잡이]
1번을 통해 볼 때, 전혀 혈연관계가 아닌 사람들이 가족의 정을 느낄 수 있었던 이유는 각 인물들이 가족 구성원으로서 지녀야 할 마음과 태도를 보여 줬기 때문이다. 바톨로티 부인과 에곤 씨가 콘라트를 받아들이면서 보여준 행동에 어떤 것들이 있었는지 생각하며 자유롭게 쓰도록 한다.

3. (1) [예시답 1]
나는 예전의 콘라트로 돌아가야 한다고 생각한다. 사실 콘라트의 예전 방식에 잘못된 점은 없다. 공부도 잘하고, 예의 바르고, 성실하기도 하다. 학교에서 친구들과 잘 어울리지 못한 것은 친구들의 질투 때문이라고 생각한다. 자기가 갖지 못한 모든 능력을 콘라트가 갖고 있으니까 질투해서 따돌리는 것이다. 원칙적으로 콘라트에게 문제가 있다고 생각하지 않는다.

[예시답 2]
나는 콘라트가 평범해져야 한다고 생각한다. 아이는 아이다워야 한다. 아이답다는 것은 모범생 콘라트가 아니라 유행가도 부를 줄 알고 반항도 할 줄 아는 것을 말한다. 그런데 콘라트는 철저히 어른들의 편의에 맞춰 교육받았다. 그래서 아이들이 가져야 할 감정을 갖지 못해 따돌림을 받는 것이다. 제 아무리 모범생이라 하더라도 또래 친구가 없는 모범생이라면 행복하다고 할 수 없다.

[길라잡이]
작품의 결말에 콘라트는 앞으로 어떻게 살아가야 할지 고민한다. 예전 방식대로의 모범생 콘라트로 살아가야 할지, 키티가 재교육한 평범한 콘라트로 살아가야 할지 정하지 못한다. 콘라트가 행복하기 위해서 어떻게 살아가야 할지 이유와 함께 써 보도록 한다.

(2) [길라잡이]
모범생 콘라트와 평범한 콘라트 중 자신이 어느 쪽에 가까운지 답하는 문제다. 콘라트는 앞으로 어떻게 살아가야 할지 정해야 한다. 작가는 결말을 열어 놓고 독자에게 판단하게 한다. 현재 콘라트에게 부족한 점이라면 또래 아이들이 느끼는 감정에 대한 공감일 것이다. 어른들이 하지 말라는 나쁜 짓, 하지만 또래 아이들이 즐겨하는 행동에 대해 콘라트가 공감한다면 콘라트도 점차 평범한 콘라트로 살아가게 될 것이다. 그러다 보면 자연히 친구들도 사귀면서 점차 행복해질 것이다.

우리 아이들도 그렇다. 콘라트가 평범해진 모습과 우리 아이들의 현재 모습이 크게 다르지 않을 것이다. 그럼, 우리 아이들은 현재 행복한가? 콘라트가 행복해지기 위해 선택한 '평범함'이 우리 아이들이 행복하기 위한 조건이라면 우리 아이들도 행복해야 하는데 대부분 그렇지 못하다고 생각한다. 이 문제에 답하는 데 그치지 말고 지금 불행하다고 생각한다면 행복의 조건을 갖추었음에도 불구하고 불행한 이유가 무엇인지 말해 보는 것도 좋은 방법이 될 것이다. 혹은 현재 행복하다고 느낀다면 어떤 이유로 행복하다고 생각하는지 이유를 말해 보도록 한다.

4. [예시답]
지훈이에게

안녕? 지훈아. 먼저 우리 가족이 된 걸 진심으로 환영해. 처음에 네가 우리 집에 도착했을 땐 많이 놀랐어. 뭔가 일이 잘못되었다고 생각했지. 하지만 지금은 아니야. 지금은 오히려 네가 우리 집에 오게 된 게 큰 행운이라고 생각해. 네가 우리 집에 오고부터 많은 것이 달라졌어.
이게 다 네 덕분이야. 네가 우리 집에 오면서 나에게는 너를 돌봐야 할 커다란 책임이 지워졌어. 처음에는 그게 너무 부담스러웠지만 너를 돌보면서 오히려 너에게 많은 것을 배우고 있단다. 나보다 어른스러운 널 볼 때마다 대견스럽고 나도 본받아야겠다고 생각해.
엄마, 아빠도 널 아주 좋아하셔. 자기가 해야 할 일을 알아서 척척 하는 네가 얼마나 믿음직스러운지 표정만 봐도 알 수 있어.
학교생활은 힘들지 않니? 집에서야 내가 곁에 있지만 학교에서는 학년도 달라서 내가 돌봐 주지 못해 조금 걱정이 돼. 하지만 언제라도 나는 너를 생각하고 있으니까 어렵고 힘든 일 있으면 주저하지 말고 나를 찾아와. 나는 언제라도 네 편이야. 친구 문제든 공부 문제든 내가 할 수 있는 한 너를 도울 거야. 우리는 가족이니까.
지훈이가 내 동생이어서 얼마나 감사한지 몰라. 우리 앞으로도 사이좋은 남매로 지내자. 사랑해.
2016년 10월 1일 너의 누나 현숙이가

아이들을 위한 PSAT와 LEET(12~13쪽)

1. **[정답]** | ⑤
   [길라잡이]
   제시문을 읽고 숨어 있는 전제를 찾는 문제이다.
   바톨로티 부인은 에곤 씨가 불쑥불쑥 찾아오는 것이 불쾌하다. 에곤 씨가 자신이 콘라트의 아버지라며 콘라트와 자신에 대해 간섭하는 것이 싫기 때문이다. 에곤 씨가 잠자는 시간을 제외하고는 콘라트가 보고 싶을 때면 아무 때나 찾아오겠다는 말을 하는 것에서 부인은 에곤 씨를 만나지 않을 수 있는 구실을 찾은 것이다. 바로 콘라트가 잠자는 시간이다.

2. **[정답]** | ③
   [길라잡이]
   개념을 명확히 하는 문제이다.
   콘라트는 공장에서 모든 물건을 깨끗이 써야 한다고 교육받았다. 그런데 키티에게서 빌려 온 교과서에는 모든 동그라미마다 색칠이 되어 있었다. 바람직하지 않다고 생각한 콘라트는 바톨로티 부인에게 물어본다. 육아 경험이 없는 바톨로티 부인이 알 수 있는 학교생활의 규칙이라곤 자신이 학교 다닐 때뿐이라 그때는 그럴 수 없었다고 말한다. 하지만 그때로부터 최소한 20년의 시간이 흘렀기 때문에 그 사이 규칙도 변했을 수 있다고 생각한다. 즉 시간의 간극 속에서 변화되었을지도 모르는 가치 변화에 자신이 없다는 뜻이다. 콘라트도 공장에서 배운 것과 현실에서 체험하는 것 사이의 간극이 존재함을 경험하고 있는 터라 이번 경우도 그런 괴리가 나타난 경우 중 하나라고 생각한다. 즉 세월이 많이 흘러 학교도 변했을 테니 교과서에 낙서를 해도 괜찮다는 의미라고 할 수 있다.

3. **[정답]** | ④
   [길라잡이]
   근거를 찾는 추론 문제이다.
   안톤과 플로리안이 카드를 훑어보고 엉터리라고 하는 순간에는 문제를 푸는 우리도 카드의 내용이 정말 엉터리인지 아닌지 알 수 없다. 카드의 질문 내용이 엉터리가 아니라는 것을 알려 주는 대목은 콘라트가 카드의 질문을 읽고 답하는 과정에서 확인할 수 있다. 넌센스 퀴즈도 아니고 엉뚱한 것을 묻는 것도 아닌, 상식 문제들임을 알 수 있다. 안톤은 자신이 질문에 대한 답을 모르는 것을 감추기 위해 질문에 문제가 있다고 단정지어 말한 것이다.

세계를 움직이는 국제기구

책을 펴는 아이들(15쪽)

1. **[정답]**
   (1) 비교 (2) 분석 (3) 분류 (4) 대조 (5) 정의
   [길라잡이]
   이 책은 정보 전달을 목적으로 세계의 국제기구에 대해 설명하는 글이다. 그러므로 정보의 정확한 파악을 위해 설명 방법을 알아두는 것이 도움이 된다.
   (1)의 예시문은 유엔과 유럽 연합의 공통점을 설명했으므로 비교.
   (2)의 예시문은 유엔의 구성 요소를 자세하게 설명하였으므로 분석.
   (3)의 예시문은 스포츠와 건강을 기준으로 국제기구의 종류를 나누어 설명하였으므로 분류.
   (4)의 예시문은 그린피스와 유엔 아동 기금의 차이점을 설명하였으므로 대조.
   (5)의 예시문은 총회를 뜻을 밝혀 설명하였으므로 정의 설명 방법이 사용되었다.

2. **[정답]**
   인간이라면 누구나 자신이 누려야 할 기본적인 권리인 '인권'을 소중히 여기고 당당하게 주장할 수 있어야 해요.
   [길라잡이]
   조사를 제외한 모든 단어는 띄어쓰기를 원칙으로 한다. 단어를 만들 때 쓰는 접사(접두사와 접미사)는 예외적으로 붙여 쓴다. 그러므로 '하다'가 동사로 쓰일 때는 띄어 쓰고, 접미사로 쓰일 때는 붙여 써야 한다. 그리고 '-ㄹ 수 있다.'의 '수'도 의존 명사이므로 반드시 띄어 쓴다. '-어야'는 어미이고 그다음에 나오는 '하다'는 보조 동사여서 띄어 써야 한다. '누려야 할'과 '주장할 수' 이 부분을 특히 유의해서 알아두도록 한다.

책을 다시 읽는 아이들(16~17쪽)

1. **[정답]**
   유엔 : United Nations
   창설 목적 : 국제 평화와 안전 유지
   역할 : 지구의 평화와 안전 유지
   주요 기관 : 6개의 주요 기관
   총회, 안전 보장 이사회, 경제 사회 이사회, 국제 사법 재판소, 사무국, 신탁 통치 이사회
   분담금 운영 : 회원국들이 내는 분담금으로 운영한다.
   분담금은 각 나라의 국민 소득에 따라 정해지므로 잘사는 나라는 많이 내고, 가난한 나라는 적게 낸다.

[길라잡이]
설명문은 사실적 정보 파악이 기본이므로 각 국제기구별 핵심 내용은 잘 찾아낼 수 있어야 한다.

2. [예시답]
- 국제적인 단체이니까 무엇보다 외국어를 잘 해야 한다.
- 전문적인 지식과 경험이 있어야 한다.
- 자신이 일하고자 하는 분야의 지식이나 경험을 쌓아야 한다.
- 국제 사회에 봉사하겠다는 봉사 정신이 있어야 한다.

[길라잡이]
책의 내용에 논리적으로 부합하는 문장이라면 정답으로 인정한다. 예컨대, "인류를 사랑하고 인류에게 도움이 되는 일을 해야겠다는 희생정신이 있어야 한다."와 같은 내용도 정답으로 인정해도 좋다. 더 나아가 학생들이 국제기구에서 일을 해 보고 싶어하는 마음이 든다면 이 문제의 출제 의도에 부합한다고 할 수 있다.

3. [정답]
정부(각 나라)의 이해관계에서 벗어나 제대로 일을 하기 위해서이다.

4. [정답]
국제 노동 기구(ILO)와 유엔 아동 기금(UNICEF)

[길라잡이]
아동 노동 금지를 위해 앞장선 기구는 국제 노동 기구이다. 최근에는 유엔 아동 기구도 아동의 복지를 위해 활동하고 있다. 책을 바탕으로 충분히 두 기구의 역할을 알아본다.

5. [정답]
오륜기의 원은 5개의 대륙, 즉 아시아·아프리카·유럽·아메리카·오세아니아 대륙을 상징한다. 서로 얽혀 있는 5개의 원은 5개의 대륙, 즉 전 세계가 따로 떨어진 것이 아니라 하나로 연결되어 있음을 의미한다.

6. [정답]
OECD가 경제, 사회 문제와 관련하여 여러 가지 조사 결과를 발표하기 때문이다.

7. [정답]
유럽 연합(EU)의 유럽 각 나라들이 국가 간 통행을 자유롭게 하자는, 룩셈부르크 남동부에 위치한 솅겐에서 '솅겐 조약'을 맺었기 때문이다.

책을 깊게 읽는 아이들(18~19쪽)

1. [예시답]
우리나라는 1950년에 일어난 6.25 전쟁(한국 전쟁)으로 인해 수많은 전쟁고아가 생기는 등 많은 어려움에 처했기 때문이다. 그래서 우리나라는 유니세프의 도움을 받았고, 차츰 경제력이 강해져 1994년에 드디어 지원을 받는 나라에서 다른 나라를 지원하는 나라가 되었다.

[길라잡이]
유니세프의 활동과 우리나라 역사를 연결해 추론할 수 있게 한다.

2. [예시답]
현대 사회에서 그 중요성이 커지고 있는 정보, 과학, 교육에 관한 활동을 담당하고 있기 때문이다.

[길라잡이]
인류의 미래와 발전은 인문 사회 과학에 달려 있다고 해도 과언이 아니다. 현대 사회에 가장 필요한 것이 무엇인지 생각해 보고 사고를 확장할 수 있도록 한다.

3. [정답] | 국제 통화 기금(IMF)

[길라잡이]
IMF는 환율 안정, 국제 수지를 안정적으로 유지시켜 경제 성장에 도움을 주려고 설립한 기구이다. 회원국의 요청이 있을 때 IMF는 회원국이 모아 놓은 기금으로 자금을 지원해 주는 역할도 한다. 우리나라도 1997년 IMF의 도움을 받은 일을 예를 들어 설명해 준다.

4. [정답]
(이렇듯) 세계 보건 기구는 세계인의 건강 관리를 위해 만든 것이랍니다.

[길라잡이]
건강의 중요성을 강조해서 세계 보건 기구의 설립 목적을 설명한 문단이다. 글의 핵심을 건강의 중요성이라고 찾지 않도록 유의한다.

5. [예시답]
관세 면제로 다른 나라의 값싼 물건들이 들어오면 자국의 산업이 피해를 볼 수 있고, 선진국들이 자기 나라에 유리한 무역을 하는 경우 상대 나라는 불합리한 손해를 보게 되어 경제가 위축될 수 있다.

[길라잡이]
WTO가 극복해야 할 과제를 생각해 보고 비판적 사고를 해 보는 문제이다. 우선 WTO의 장단점을 이야기한 후 문제를 풀면 더욱 쉽게 접근할 수 있다.

책을 내 것으로 만드는 아이들(20~21쪽)

1. [예시답]
* 인생을 살아가면서 사람은 결과보다 과정에서 많이 배우기 때문에 성공보다는 노력이 더 가치 있다고 생각한다. 또한 인간은 더불어 살아가는 존재이므로 승리보다는 함께 어울리는 참가가 더 의미 있는 일이라고 본다.

※ 살면서 사회에서 인정받는 것은 결국 성공과 승리이다. 이 결과에 따라 사람은 좋은 평판을 받거나 인생이 달라진다. 그러므로 더 중요한 것은 노력과 참가가 아니라 성공과 승리라고 생각한다. 한 개인도 성공과 승리를 했을 때 보람을 느낀다.

[길라잡이]
'우정과 평화'라는 올림픽의 목적을 잘 이해하고 주장을 세우도록 한다. 반대 의견이라도 타당한 근거를 대면 옳은 답으로 간주한다. '가치'라는 단어의 의미를 살펴보고 인간관계에서 무엇이 중요한지 우선 말해 보도록 하고 적절한 예를 들어 증명할 수 있도록 한다.

2. [예시답]

국제기구 이름	국제 희귀병 기금 (URDF : UNITED NATIONS RARE DISEASE FUND)
국제기구 마크	
설립 목적	세계 희귀 난치병 환자들을 돕기 위해
주요 활동	희귀병 치료약 개발 연구비 지원 희귀병 치료약 제조비 지원 희귀병 환자들 치료 지원 희귀병 환자들 후원 광고

[길라잡이]
국제기구의 목적에 맞게 개인의 이익이 아닌 국제적 이익을 위한 기구를 설립하도록 유의하고 구체적으로 서술하도록 한다.

3. [예시답]
원인 : 우리나라 국민의 노동 시간이 다른 나라보다 길고, 청소년들은 공부에 대한 부담감이 크기 때문이다.
해결책 : 법정 노동 시간 이상으로 초과 근무하면 평소 노동의 대가보다 5-10배 이상의 초과 근무 수당을 주도록 법으로 정한다. 그리고 공부에 대한 부담감을 줄이기 위해 무조건 성적으로 줄 세우지 말고 각자 아이의 적성에 맞는 특기 교육을 실시한다.

[길라잡이]
우선 책의 내용을 살펴본 후 다양한 의견을 나눌 수 있도록 한다. 원인과 해결책을 마련한 후 그것을 바탕으로 논술문을 작성해도 되는 문제이다.

4. [예시답]
찬성한다 : 원자력 발전소는 적은 비용으로 고효율을 얻을 수 있다. 그러므로 사고가 나지 않도록 안전장치를 확실히 강화해서 이용하면 된다.
반대한다 : 비용보다는 국민의 생명과 안전이 우선이다. 국민의 생명보다 더 중요한 것은 없고 100% 안전한 원자력 발전소는 장담할 수 없다. 그러므로 다른 적당한 대체 에너지 발전소를 만들거나 비용이 더 들더라도 안전한 발전소를 건설하는 게 옳다고 본다.

[길라잡이]
자주 토론 주제로 등장하는 문제이니 만큼 찬성과 반대 의견으로 토론을 진행한다. 타당한 근거를 들어 상대를 설득해 본다.

아이들을 위한 PSAT와 LEET(22~23쪽)

1. [정답] | ⑤
[길라잡이]
지문의 중심 내용을 파악하는 문제이다. 우선 문단마다 중심 문장을 찾도록 하고 글의 내용을 모두 포괄할 수 있는 문장을 고를 수 있도록 한다.
①의 온실가스는 지구 온난화의 원인 중 하나이므로 글의 내용 전체를 포괄할 수 없고 ②의 국제기구는 녹색 기후 기금의 설립 목적을 설명하는 글의 내용을 포괄하지 못하며 ③의 환경오염은 '환경오염 → 대기오염 → 지구 온난화'를 이끌어 내기 위한 전제 문장이므로 중심 문장이 될 수 없고 ④ 또한 중심 내용과 거리가 멀다.
⑤는 제시된 지문의 첫째 문단 중심 내용인 녹색 기후 기금과 둘째 셋째 문단의 중심내용인 지구 온난화를 잘 나타내 주었으므로 글을 요약한 문장으로 가장 적절하다.

2. [정답] | ④
[길라잡이]
밑줄 친 문장은 안보리와 다른 조직의 차이점을 설명하였으므로 대조의 설명 방법이 쓰였다. ①은 공통점을 설명했으므로 비교, ②는 같이 묶거나 나누어 설명했으므로 분류, ③과 ⑤는 그림에 대한 분석, ④는 두 화가의 차이점을 서술했으므로 대조의 설명 방법이 사용되었다.

책과 노니는 집

책을 펴는 아이들(25쪽)

[정답]

필사쟁이 : 글이나 책을 베껴 쓰는 일을 하는 사람을 낮추어 부르는 말

천주학쟁이 : 천주교를 믿는 사람을 속되게 부르는 말 / 천주교인

서쾌 : 책을 파는 사람 / 서점 주인

언문 : 한글을 낮추어 이르는 말 / 한글

감인소 : 나라에서 만든 인쇄소

전기수 : 이야기책을 전문적으로 읽어 주던 사람

배오개 : 조선 시대에 한양의 큰 시장(지금의 동대문 시장 거리에 있었음)

방물장수 : 조선 시대 여자들의 일상생활에 필요한 물품들을 팔고 다니는 행상

어름사니 : 남사당패에서 줄을 타는 줄꾼

책을 다시 읽는 아이들(26~27쪽)

1. [정답]
천주학 책을 베껴 썼다는 이유로 관아에 끌려가서 온몸이 짓이겨지도록 매를 맞았다(10쪽).

2. [정답]
닷 전을 갖고 사흘 안에 광통교 밑으로 오라고 했다(39쪽).

3. [정답] | 서유당(書遊堂), 책과 노니는 집(55쪽)

4. [정답]
일곱 장째를 넘기자 글머리에 '천주실의'라는 글자가 들어왔기 때문이다(79쪽).

5. [정답] | 광문자전(127쪽)

6. [정답] | 허궁제비(162쪽)

7. [정답]
동화사 우물가에 버려진 아이(장이)를 돌아가신 아버지가 데려다 키웠다(181 ~ 182쪽). 따라서 둘의 관계는 친부·친자의 관계가 아니라 의붓아버지·의붓아들의 관계이다.

8. [정답]

삼경 : 밤 열 한 시에서 새벽 한 시 사이

미시 : 오후 한 시에서 세 시 사이

술시 : 오후 일곱 시에서 아홉 시 사이

인경 : 조선 시대에 통행금지를 알리기 위하여 밤마다 치는 종

책을 깊게 읽는 아이들(28~29쪽)

1. [예시답]
조선 영·정조 후에는 조선에 서양 문물이 하나씩 들어오기 시작했다. 그 당시 조선은 유교를 국가 통치 이념으로 삼았다. 유교는 사람의 도리(仁)를 최고의 덕목으로 생각했다. 그러나 천주교는 제사를 지내지 않고 신분 차별이 없는 사상을 강조했다. 그래서 양반들의 반대가 심했다. 천주교를 믿는 사람들은 죽음을 맞이하기도 했다.

2. [예시답]
낙심이는 어린 나이에 아버지 손에 이끌려 남동생 백일상 차려 줄 돈이 없어 늙어 빠진 노새 한 마리 값에 기생집(도리원)에 팔려 온 아이이다. 그런 낙심이에게 장이는 아버지 눈을 뜨게 하려고 공양미 삼백 석에 자신의 목숨을 팔아 버린 심청전 이야기를 해 주었던 것이다. 어린 낙심이로서는 화가 났을 것이다. '마음 시중'이란 상대방이 처한 입장과 상황을 잘 헤아려 주는 것이다.

3. [예시답]
장이는 아무 죄도 없이 천주교 책을 필사했다는 이유로 죽음을 당한 아버지가 떠올랐다. 천주학쟁이든 아니든 천주학 책을 가진 자는 모두 죽는다는 걸 알고 있던 장이는 동국통감, 동국여지승람 등등 '동' 자가 들어간 책은 모두 천주학 내용이 들어 있다는 것을 알고 홍 교리 집에 있는 책 들을 없애려고 했다. 다른 양반들과 달리 자신에게 희망과 꿈을 주고 자신을 믿어 준 홍 교리 어른의 고마움을 생각해 홍 교리가 위험에 처하는 것을 막으려고 했던 것이다.

4. [예시답]
언문 소설이 한문 소설보다 읽기 쉬웠기 때문이다.

[길라잡이]
언문 소설은 최초의 한글 소설인 1612년 허균의 〈홍길동전〉부터 시작된다. 특히 18~19세기에 들어와 다양한 주제와 내용을 갖춘 이야기들이 나왔다. 이런 소설들은 주로 부녀자들과 일반 서민들 사이에서 유행했다. 물론 사대부와 지식 계층 사람들에게는 외면당했다. 부녀자들과 일반 서민들은 사회 현실을 생생하게 반영한 소설들을 읽으면서 대리 만족을 했을 것이다. 언문 소설은 자신들이 처한 입장을 대신 말해 주고, 권선징악이 뚜렷하여 착한 사람들이 복을 받는 이야기가 대부분이다. 〈심청전〉, 〈춘향전〉, 〈흥부전〉 등이 대표작이다.

5. [예시답]
천주학쟁이, 필사쟁이, 〈춘향전〉, 〈숙영낭자전〉, 〈심청전〉 등과 같은 언문 소설의 등장과 전문 이야기꾼인 전기수 어른, 서양 신부님(서 대감 댁 마님) 등 …….
[길라잡이]
책 내용 중에 조선 후기를 나타내는 물건들과 사건들이 등장한다. 아직 한국 역사에 대해 잘 알지 못하더라도 책 이야기의 흐름을 통해 역사를 익혀 보는 시간을 가져 볼 필요가 있다.

 ## 책을 내 것으로 만드는 아이들(30~31쪽)

1. [예시답]
부모님이나 선생님께 이야기한다. 친구와 의논한다.
[길라잡이]
아버지가 죽은 뒤 세상에 혼자 남겨진 장이를 불쌍히 여기는 사람은 없었다. 오직 장이 자신만이 스스로 불쌍해서 눈물 흘리고 한숨 쉬었다. 동무들은 고아라고 놀리며 어울려 주지 않았고, 최 서쾌에게는 어리광도 떼를 쓸 수도 없었다. 밥값을 해야 밥을 먹을 수 있었고 실수를 하면 고스란히 그 몫의 일로 메워야 했다. 아무도 장이를 도와주지 않았고, 장이 역시 누구에게 손을 벌리거나 도와 달라고 하지 않았다. 모든 일을 혼자 끙끙대며 해결했다. 그래서 더 힘들고 서러웠다. 세상 누구도 자기편은 없다고 생각했기 때문이다. 어린 장이의 마음을 헤아려 보고, 아이들도 자신이 해결할 수 없는 사건이 생기면 어떻게 하는 것이 바람직한 행동인지 함께 토의하여 찾아볼 필요가 있다.

2. [예시답]
용기있는 장이에게
장이야, 처음에는 네가 허궁제비에게 끌려다닐 땐 소심한 아이인 줄 알았어. 하지만 홍 교리와 낙심이를 구하려고 뛰어들었을 때는 참, 용감했어. 자신에게 베풀어준 은혜를 잊지 않는 너의 마음을 닮고 싶어. 이제는 너의 옆에 든든한 최 서쾌와 홍 교리가 있어서 참 다행이야. 홍 교리의 말처럼 훌륭한 필사쟁이가 되어라.
[길라잡이]
수많은 고난 속에서도 영리하고 올바르게 행동하는 장이에게 닮고 싶은 점이나 하고 싶은 말들을 적어 보는 문제이다.

3. [길라잡이]
세상 누구도 자기편은 없다고 생각한 장이였다. 그러나 장이가 어려울 때 모인 사람들은 모두 장이 편이었다. 낙심이도, 최 서쾌 어른도, 청지기 어른도, 모두 장이 편이었다는 것을 장이는 알게 된다. 그래서 더욱 눈물이 맺히는 것이 아닌가? 이제는 힘든 장이의 어깨가 왠지 가벼워 보인다. 책을 읽는 아이들도 부모님이나 어른들을 오해했던 경험이나 주변 사람들에게 따뜻함을 느낀 경험이 있다면 이야기하도록 유도한다.

4. [길라잡이]
어떤 생각이든 자유롭게 이야기할 수 있다. 누구도 그 생각에 대해 옳고 그름을 따지는 것은 바람직하지 않다.

 ## 아이들을 위한 PSAT와 LEET(32~33쪽)

1. [정답] | ②
[길라잡이]
글의 주제를 추론하는 문제이다.
홍 교리(글쓴이)가 책을 좋아하는 마음을 표현한 글이다. 홍 교리(글쓴이)의 마음을 가장 잘 나타낸 문장을 찾으면 된다.
홍 교리가 책을 사 모으는 것도, 다른 책에도 관심이 가는 것도, 주변 사람들에게 책을 권해 주는 것도 모두 책을 좋아하는 마음이 크기 때문에 하는 행동이다.
그러므로 정답은 '홍 교리는 책을 좋아하는 마음이 매우 크다.'이다.

2. [정답] | ⑤
[길라잡이]
주제문을 추론하는 문제이다.
지문의 핵심은 그 당시 조선에서는 천주학을 믿는 사람이나 〈천주실의〉라는 책을 갖고 있는 사람들은 모두 박해를 당했다는 것이다. ① ~ ④까지는 〈천주실의〉에 대한 간단한 설명이다. 그러므로 정답은 ⑤이다.

3. [정답] | ①
[길라잡이]
내용을 파악하는 문제이다. 지문은 홍 교리가 바라본 그 당시 조선 사회의 모습이다. 그 당시 조선은 부정부패가 많았고 양반들 위주의 세상이었다. 지문을 읽고 홍 교리가 바라본 세상과 가장 거리가 먼 것을 찾으면 된다. 조선사회는 신분 제도가 있는 사회이다. ①은 바로 홍 교리가 바라는 세상일 것이다

리틀 변호사가 꼭 알아야 할 법 이야기

 **책을 펴는 아이들(35쪽)**

1. [예시답]
   지켜야 한다. 안 지키면 벌을 받는다. 질서를 유지한다.
2. [예시답]
   아저씨가 아이들에게 무거운 책가방을 못 들게 한다. 어린이들의 건강을 위해, 책가방 무게를 정해서 들게 한다. 이런 행위가 법률과 관계 있음을 이야기하려고 한다.

   [길라잡이]
   이 책은 각 장마다 글의 핵심어를 제시한다. 예를 들어 '로빈슨은 법 없이도 살 사람'은 이야기의 제목이고, '법의 필요성'은 이 이야기의 핵심어에 해당된다. 따라서 각 장마다 제시하는 핵심어를 먼저 보아야 한다. '무엇을 알아야 하는지' 목표를 세우고 읽으면 글의 내용을 정확하게 읽는 데 큰 도움이 된다.

 책을 다시 읽는 아이들(36~38쪽)

1. [예시답]
   법은 사람들이 지켜야 하는 최소한의 도덕이다.
   – 법은 어기면 벌금을 내고 감옥에 가고 심하면 사형에 처하는 것이다.
   – 법은 모든 사람이 지켜야 하는 것이다.
2. [예시답]
   (1) 도덕 과목은 배려와 친절을 배우며 사람을 이해하는 과목이다.
   (2) 예의를 지키도록 가르치는 과목이다.
   (3) 공통으로 해야 하는 규칙을 가르치는 과목이다.
   (4) 사람들이 지켜야 할 도리를 가르치는 과목이다.

   [길라잡이]
   도덕은 사람으로서 마땅히 지켜야 할 도리이다. 도덕은 강제력을 가지지 않는다.
   〈오답의 예〉
   최소한의 법이다. 최대한의 법이다.

   [길라잡이]
   법과 도덕의 범주를 잘못 이해한 경우이다. 이해를 돕기 위해 법과 도덕의 관계를 벤다이어그램으로 그려 보게 한다.

3. [정답]
   법과 관련이 있는 것 : 신호등 지키기, 길에 쓰레기 안 버리기, 쓰레기 몰래 버리기
   도덕 : 차례 지키기, 부모님 말씀 잘 듣기,
   [길라잡이]
   반드시 지키도록 하는 강제력이 있는지 없는지 따져본다.

4. [예시답]

	법	도덕
공통점	사람들이 지켜야 한다. 질서 유지에 필요하다.	
차이점	강제력이 있다.	강제력이 없다.

5. [정답]
   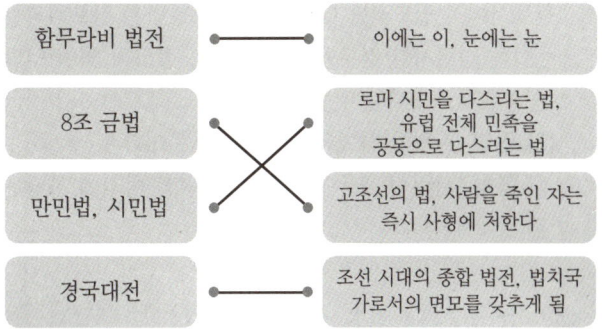

6. [정답]
   1948년 대한민국이란 이름으로 정부가 수립된 후 대한민국의 헌법이 만들어졌다. 7월 17일은 우리나라 헌법이 탄생한 날이다(50쪽).
   〈오답의 예1〉 법이 처음으로 생긴 날
   [길라잡이]
   고조선, 신라, 고구려 등 모든 나라들에 법이 있었다. 따라서 정확한 답이라 할 수 없다.
   〈오답의 예2〉
   현대식의 법을 만든 날, 우리나라의 가장 큰 법의 틀을 만든 날
   [길라잡이]
   현대식의 법, 우리나라의 가장 큰 법의 틀은 정확하지 못한 설명이다.

7. [예시답]
   (1) 법 중의 왕, 수많은 법들 가운데 가장 높은 위치에 있(혹은 상위법), 나라가 어떻게 이루어져서 운영되는지, 국민은 어떤 권리와 의무를 가지고 있는지
   (2) 법의 엄마, 가족 사이에도 위아래가 있듯 법에도 위 아래가 있, 국민의 가장 기본적인 권리, 의무
   〈오답의 예〉
   엄마, 법을 태어나게 했기 때문에
   [길라잡이]
   헌법이 다른 법의 상위법이므로 다른 법들이 헌법 정신에 위배되면 안 된다는 의미이지 다른 법을 태어나게 했다는 의미는 아니다.

8. [정답] | (1) 자유권 (2) 평등권 (3) 생존권
         (4) 참정권 (5) 청구권
9. [정답]
   (1) **형법** – 어떤 것이 범죄에 속하는지, 그 죄를 저질렀을 때 어떻게 처벌받는지를 정해 놓은 법, 사회 질서를 크게 해치는 것을 해결하는 법
       민법 – 사람들 사이에서 일어나는 문제를 해결하는 법, 다툼을 해결하는 법
   〈오답의 예〉
   절도죄로 처벌하는 법
   [길라잡이]
   필독서에서 절도죄를 다루기 때문에 형법은 절도죄라는 등식을 성립시킨 경우이다. 형법에는 절도죄 외에도 많은 경우가 속한다는 것을 알려 준다.
   (2) **민법** (사람들 사이의 다툼이기 때문이다.)
       형법 (사회 질서를 해쳤기 때문이다. 범죄에 해당된다.)

책을 깊게 읽는 아이들(39쪽)

[정답]
(1) 민법 (2) 인권법–성차별 (3) 도로 교통법
(4) 청소년 보호법 (5) 국제법 (6) 항공법
(7) 정보 통신망 이용 촉진 및 정보 보호 등에 관한 법률이나 형법 (8) 국제법 (9) 청소년 보호법
(10) 소비자 보호법 (11) 해양법
[길라잡이]
익숙하지 않은 내용이기 때문에 어려워할 수 있다. 책을 활용하도록 한다.

책을 내 것으로 만드는 아이들(40~41쪽)

1. [예시답 1]
   〈제안〉 문화 시설 건설법을 만들자. (학생들이 제안하는 문화 시설을 만들자.)
   〈이유〉 만약 어떤 학생의 꿈이 문화와 관련이 있다면, 그 꿈을 이루어 주고 그 학생의 미래를 바꾸어 주기 때문이다.
   [예시답 2]
   〈제안〉 어린이 자유법
   〈이유〉 어린이들이 어른들에게 주눅들지 않고 자유롭게 살 권리가 있기 때문이다.
   [예시답 3]
   〈제안〉 말 반복 금지법. 예를 들면 "TV 보지마, 그만 보고 들어가."처럼 엄마들이 잔소리를 반복한다.
   〈이유〉 듣기 싫은 말을 계속 들으면 기분이 나쁘고, 짜증이 나기 때문이다. 참을 수 있는 한계가 있다.
   [예시답 4]
   〈제안〉 하루 자유법. 하루 동안 어린이들이 하고 싶은 일을 맘대로 할 수 있게 허락해 주는 법
   〈이유〉 하루만이라도 내가 하고 싶은 일만 하며 잔소리에서 해방되는 '잔소리 해방의 날'을 맛보고 싶다.
   [예시답 5]
   〈제안〉 동네 체육관 설치법. 체육관 안에 축구장이나 테니스장을 설치하게 하는 법
   〈이유〉 체육관에서 운동을 하면, 아이들이 눈비가 와도 건강해지기 때문이다.

2. [예시답 1]
   인터넷 감소법 – 인터넷을 사용하는 사람들이 많아져서 전자파의 피해가 커질 것이다. 이렇게 인터넷이 인간에게 해를 많이 끼치게 되자 인터넷을 한 달에 몇 시간만 해야 한다는 법이 생길 것이다.
   [예시답 2]
   전자파 금지법 – 모든 가전제품에서 해로운 전자파가 생기지 않게 제품을 만들도록 하는 법이다. 시력을 나쁘게 하는 해로운 물질도 절대 나오지 않도록 제품을 생산해야 한다.
   [예시답 3]
   학습법 – 로봇이 생겨나면 사람들이 로봇에게 공부를 시키고, 자신은 공부를 안 하는 경우가 생길 수 있다. 그러면 로봇이 세상을 지배할 수 있다. 따라서 사람들이 어느 정도 공부를 하도록 법으로 정해야 한다.
   [예시답 4]
   한 사람당 로봇을 한 개만 갖게 하는 법 (두 개 이상의 로봇 소유 금지법) – 사람보다 로봇이 많아지면, 로봇이 지배하는 세상이 될 수도 있기 때문이다.
   [길라잡이]
   이런 문제를 어려워하는 아이들이 있다. 교사와 학부모는 바뀔 세상에 대한 예측, 상상에 대한 정보를 많이 제공해 주어야 한다.

3. (1) [정답] | 형법, 절도죄
   (2) [예시답 1]
   죄가 있기는 있지만, 그 사람이 보통 사람들처럼 단순히 배가 고파서 그런 것이 아니라 못 먹으면 죽을 수도 있기 때문에 심한 벌을 주는 것은 잘못이다. 그 사람에게 슈퍼에서 빵 값만큼 일을 시킨다.
   [예시답 2]
   절도죄에 해당하므로 벌을 내리지만, 상황에 알맞게 피해자에게 이득이 가는 벌을 주어야 한다. 너무 배가 고파 그런 일을 저질렀기 때문이다. 가벼운 벌은 국가에서

생각해서 내 주었으면 한다.
[예시답 3]
이 사람이 아무리 가난한 상황에 처해 있었다 하더라도 죄는 죄이므로 벌을 받아야 한다. 그러나 배가 고파서 저지른 범죄이니 죄의 값을 치를 수 있도록 사회봉사를 하게 한다.
[예시답 4]
슈퍼에서 빵을 훔쳐 먹은 것은 형법을 위반했으므로 죄가 있다. 그러므로 노숙자는 처벌을 받아야 한다. 다만 감옥에 가는 대신, 일자리를 주어 돈을 벌어 빵 값을 갚도록 한다. 또한 일을 하면 돈을 벌 수 있기 때문에 다시는 도둑질을 안 하게 될 것이다.
[길라잡이]
배가 고파서 훔쳤다는 것이 아이들에게 갈등을 일으킨다. 죄를 지으면 무조건 감옥에 가야 한다는 생각을 하기 때문이다. 이 사건은 '빈곤층이나 소외된 이웃'에 대한 우리 사회의 역할을 생각해 보게 한다.
130쪽~131쪽의 예화를 이용해 사회봉사나 보호 관찰과 같은 제도가 있다는 것도 알려 줄 필요가 있다.

아이들을 위한 PSAT와 LEET(42~43쪽)

1. [정답] | ②
[길라잡이]
중심 내용을 찾아보게 하는 문제이다.
첫 번째 문장에서 법과 도덕의 관계를 제시하고, '거리에 침을 뱉어서는 안 된다'는 사례를 이용해 공중도덕이 법으로 바뀐 점을 설명하고 있다. 지문을 얼핏 보면 도덕과 법을 이야기하고 있고 그것들은 우리가 지켜야 할 규범이기 때문에 ⑤를 답이라고 할 수도 있다. 하지만 지문의 내용은 둘 사이의 관계 중에서도 법은 최소한의 도덕(이 말은 예리네크라는 사람이 한 말이다. 그는 도덕은 최대한의 법이라고도 했다.)에 관한 지문이라고 할 수 있다.

2. [정답] | ⑤
[길라잡이]
세부정보를 파악하고 있는지를 점검하며, 이해 능력을 심화시키는 문제이다. '농어촌 개량 촉진법'은 농어촌의 주택을 개량할 필요가 있어서 생겨난 법이다. 정부가 법을 집행하는 과정에서 지붕을 바꾸도록 했기 때문에 강제력을 갖는다고 할 수 있다. 그러나 초가집이 사라지자 이 법도 사라졌다. 이 법으로 미루어 한때 사람들이 농어촌에서는 초가집에 살았다는 생활 방식을 알 수 있다. 그러나 이 법이 농어촌의 경제 발전에 큰 역할을 했는지는 알 수 없다. 따라서 답은 ⑤이다.

초정리 편지

책을 펴는 아이들(45쪽)

1. [예시답]

순화대상어	순화어	순화대상어	순화어
닭도리탕	닭볶음탕	애드리브	즉흥성
닉네임	별명, 애칭	버라이어티쇼	호화쇼
블랙리스트	감시 대상 명단	핫이슈	주 관심사
서포터즈	응원단, 후원자	해프닝	웃음거리, 우발 사건
시뮬레이션	모의 실험	단도리	채비, 단속

[길라잡이]
이 문제는 현재 우리들이 남용하고 있는 외국어나 외래어의 사례를 간단히 살펴봄으로써 우리말 사용의 실태를 간단히 확인해 보는 문제이다. 지나치게 자세하게 언급할 필요는 없다. '단도리, 닭도리탕' 등은 일본어의 잔재이므로 분리해서 취급해도 좋다. 함께 빈칸을 메워 가면서 진행해도 되고, 미리 과제로 제시하는 것도 좋다. 그 외 츄리닝(운동복), 기스(흠, 흠집), 빵꾸(구멍), 마후라(목도리), 사라다(샐러드), 가라(무늬), 뗑깡(생떼)등도 순화 대상어이다.

2. [예시답]

△	반치음 (유성마찰음[z]로 추정)	ㆆ	여린히읗 (한자음을 표기하기 위하여 마련된 것)	·	아래 아 (중설 중모음[ʌ] 소리를 나타냈을 것)
ㅇ	옛이응 (현재 끝소리 ㅇ으로 남아있음)	ㅸ	순경음 비읍 (유성음(有聲音)이며, [β] 음가)		

[길라잡이]
위 음운들은 실제로 발음하기 어려운 경우가 많으므로 명칭과 조음 방법만 간단히 설명한다. 아이들에게 자유롭게 발음해 보도록 유도한 후 빈칸을 정리한다. 빈칸에는 명칭만을 쓴다.

책을 다시 읽는 아이들(46~47쪽)

[길라잡이]
발문에 대해서는 항상 단답형이나 요점 정리 형식이 아닌 서술의 형태로 답안을 작성하도록 유도한다.

11

1. [길라잡이]

   장운은 세종 대왕에게 '토끼 눈 할아버지'라는 별명을 붙인다. 이것으로 미루어 볼 때 세종은 눈병에 걸려 산수가 좋은 초정리로 요양차 왔다는 것을 알 수 있다.

   실제 세종 대왕은 재위 기간 내내 용상과 병상을 오갔다. 안질뿐만 아니라 각기병, 성인병 등 다양한 병을 앓았다고 한다. 훈민정음의 창제와 반포라는 큰 대업을 앞둔 세종으로는 정신적인 압박이 대단했을 것이다. 거기에다 육식 위주의 식사, 운동 부족 등이 그의 건강을 악화시켰다고 한다.

2. [정답]

   병에 걸린 아버지를 대신해서 지게에 나뭇짐을 하거나 약수를 받아 그것과 바꾸는 대가로 보리쌀을 받아 생계를 이어갔다. 가끔은 산토끼를 잡아 쌀과 바꾸기도 했다.

3. [길라잡이]

   장운의 아버지와 어머니는 면천을 받고 어느 마을로 들어가 논밭을 조금 사서 살았다. 그러나 글을 모르는 탓에 그 땅은 빌린 것이 되어 버리고 그 이듬해에 땅을 고스란히 빼앗기고 말았다.

   사기를 당하고 여기저기 떠돌던 아버지와 어머니는 이 마을에 정착하게 되지만 노비였다는 사실이 알려지면서 마을에서 은근히 무시를 당하였다.

   장운의 가족은 신분이 낮고 경제적인 여유도 없어 한자를 배울 기회조차도 가지지 못했다. 한자는 양반들의 전유물로서 문자를 모르는 평민과 천민을 억압하는 수단으로도 사용되었다.

4. [길라잡이]

   원래 장운의 할아버지는 노비였다. 그런데 어느 날 불이 나 사랑채에 뛰어들어 작은 서방님을 구하고 화상으로 결국 죽고 만다. 주인어른은 죽은 장운의 할아버지에게 고맙고 미안하다며 장운이 아버지의 노비 문서를 없애고 양민으로 만들어 주었다.

   남의집일을 해야 하는 노비의 삶이 어떠한지를 너무나 잘 아는 아버지로서는 차마 딸을 다시 노비로 보낼 수 없다는 생각이 들었다. 가장으로서의 자책감, 딸에 대한 미안함 때문에 아버지는 덕이를 남의 집으로 보내지 않으려 한 것이다.

5. [길라잡이]

   어느 날 장운은 윤 초시 댁에서 일하고 있는 봉구댁으로부터 종이 접은 것을 받게 된다. 그것은 덕이가 장운에게 보낸 편지였다. 놀란 가슴으로 누이의 편지를 받아든 장운은 한달음에 아버지에게 달려간다. 누이는 토끼 눈 할아버지로부터 배운 새로운 글자로 편지를 써서 장운에게 소식을 알렸다. 장운도 답장을 써서 봉구 아저씨 편에 보내고 둘은 서로의 안부를 확인하게 된다.

6. [길라잡이]

   돌을 만지면 슬프거나 울적한 생각을 한결 덜 하게 되었다. 그리고 깊이 몰두하는 기쁨을 느낄 수 있었다.

   아이들에게도 어떨 때 몰두하게 되는지 각자의 경험을 이야기해 보게 한다. 대부분 텔레비전 시청이나 게임 할 때 몰두한다는 경우가 많으므로 장운의 몰입과 자신들의 몰입을 비교하도록 유도한다.

7. [길라잡이]

   돌아가신 중전 마마의 명복을 위해 절을 짓는 데 석공들의 손이 필요하게 되었다. 그래서 점밭 아저씨가 일을 맡아 한양으로 떠나게 되었다. 주변 사람들의 배려로 장운은 한양에 가게 되고 대궐에서 흙바닥 훈장 노릇을 한다. 장운이 써 놓은 바닥의 글자를 본 세종 대왕은 장운에게 말을 건네게 되고 두 사람은 재회하게 된다.

8. [예시답]

   훈민정음은 낱자(음운)들의 소리만 다 익히면 서로 합해서 말하고 싶은 것을 쓸 수 있기 때문이다(28쪽).

   훈민정음에 대한 자세한 내용은 다음 단계에서 설명하도록 한다.

 책을 깊게 읽는 아이들(48~49쪽)

1. [길라잡이]

   일찍 어머니를 여의고 석공이었던 아버지, 누이 덕이와 함께 살고 있다. 아버지는 어머니를 잃은 충격에 손을 다치고 병마저 들어 더 이상 석공의 일을 할 수가 없다. 그래서 끼니조차도 이어가기 어려울 만큼 가난하다.

2. [길라잡이]

   앞산과 뒷산이라는 막연한 대상에게 밥그릇을 바꾸자고 할 정도로 자기의 밥그릇이 형편없음을 의미한다. 세상에 어떤 밥그릇이라도 자신의 밥그릇보다는 나을 것이라고 생각하는 장운은 가난으로 인한 굶주림 때문에 힘겨운 삶을 살아가고 있다. 밥그릇과 국그릇을 바꾸고 싶다는 마음에서 밥 한 번 실컷 먹어 보고 싶은 생활고의 아픔이 드러난다. 하지만 장운은 아버지나 누이가 듣지 않는 곳에서 노래를 불러 마음속 응어리를 풀어낸다. 그 당시 가난하고 힘겹게 살아간 사람들의 고통과 가족을 배려하는 어린 장운의 성숙된 면을 엿볼 수 있다.

3. [길라잡이]

   천한 신분의 장운이라 해도 글자를 깨우침으로 해서 세종 대왕의 근심을 덜어 주었다. 이로 인해 세종 대왕과 장운의 인연은 계속 이어졌을 것이다.

   세종 대왕은 신분이나 조건을 따지지 않고 인재를 발탁

하고 곁에 두었다고 한다. 장영실이나 집현전 학자들의 경우 그러한 세종의 인재 등용의 예라 할 수 있다.

주의할 점은 뒷이야기를 상상할 때는 반드시 구체적인 사건을 제시하여야 한다는 것이다.

4. [길라잡이]

이 책의 내용을 중심으로 상상해 본다면 3년간의 일들을 쉽게 짐작할 수 있다.

훈민정음이 실제로 실용적이고 과학적인 글이라는 것을 증명하기 위해 세종 대왕은 실험을 했을 것이다. 작가가 밝힌 대로 세종이 직접 딸에게 가르치기도 했으며 또 여러 가지 책(〈용비어천가〉, 〈월인천강지곡〉, 〈석보상절〉) 등도 편찬해서 훈민정음의 실용성을 증명했을 것이다. 그리고 암글이니, 반절이니, 언문이니 하면서 훈민정음을 비하하던 선비들을 설득하는 일도 했을 것이다. 자세한 설득 과정은 다음 단계에서 설명이 되므로 굳이 언급할 필요는 없다.

5. [길라잡이]

〈훈민정음 언해〉 서문을 아이들과 함께 번역해 본다. 세종의 창제 동기는 서문에 잘 드러나 있기 때문에 현대어로 번역해 보는 것만으로도 충분히 의미를 이해할 수 있다.

|서문|

우리나라의 말이 중국말과 달라 한자와는 서로 통하지 아니하므로 이런 까닭에 어리석은 백성이 이르고자 하는 바가 있어도 마침내 그 뜻을 (글자에) 실어 펴지 못하는 사람이 많으니라. 내가 이를 불쌍히 여겨 새로 스물 여덟 글자를 만드니 사람마다 쉽게 익혀 날로 씀에 편안하게 할 따름이니라.

책을 내 것으로 만드는 아이들(50~51쪽)

1. [길라잡이]

최만리의 상소 내용을 크게 6가지로 분류했지만(7차 중등 국어 1학년 2학기 3단원 바탕) 세종의 반론은 굳이 조항을 따지지 말고 반론을 제시하면 된다. 여기서는 중등 국어에 실린 조정의 입장을 축약해서 옮긴다.

> 그들은 앞으로 관리들이 훈민정음 때문에 학문을 소홀히 할 것이라고 하는데, 이는 전혀 이치에 맞지 않는 말이다. 한자에 대한 표준음이 정해져 있지 않아 백성들이 여러모로 불편해하는 엄연한 사실을 그들은 애써 외면하고 있다. 또, 그들은 훈민정음만 가지고 관리를 뽑으면 아무도 성리학을 공부하지 않을 것이라고 하는데, 이는 사실을 왜곡한 것이다. 유교 경전에 대한 학습과 연구는 국가에서 정한 공부의 핵심 요소이다. 조정에서는 시험 과목에 한글을 추가한다는 것이지 훈민정음만으로 관리를 뽑는다고 한 적이 없다.
>
> 그리고 장차 한자를 아는 사람이 적어지면 사회 기강이 무너진다고 주장하는데, 이는 지나친 생각이다. 지금까지 우리 사회에서 한자는 배우기가 너무 어려워 극히 일부 사람들만 사용해 왔고, 나머지 대부분의 사람들은 글자를 모르고 살아왔다.
>
> 끝으로, 훈민정음 창제는 유교 정신의 실천과 사회 질서 확립에 어긋나는 것이 아님을 밝혀 두는 바이다.

2. [길라잡이]

아이들에게 있어 역사는 부담스러운 과목 중 하나일 뿐이다. 그래서 역사와 담을 쌓거나 '역사' 하면 손사래를 치는 아이들도 적지 않다. 그런데 역사 동화는 이야기글이므로 우선 부담스럽지 않다. 작가의 상상력을 바탕으로 허구화된 글이기는 하지만 그 속에는 역사적인 사건이나 개연성이 충분히 존재한다. 그러므로 역사를 흥미롭게 대할 수 있다. 또한 역사적 상상력을 바탕으로 비판적인 안목을 기를 수 있다. 작가 역시 만약이라는 가정으로부터 시작하므로 독자에게도 그러한 다양한 안목을 기르게 만든다.

3. [예시답]

한글 전용에 대해 찬성	한글 전용에 대해 반대
한글 전용이 바람직하다고 생각합니다. 말과 글에는 얼(정신)이 깃들어 있습니다. 한글은 제대로 모르면서 영어와 같은 외국어만 중요하게 생각한다면 우리의 얼을 지킬 수가 없습니다. 우리글과 말은 우리가 스스로 소중히 여겨야 합니다.	한글 전용만을 강조하는 것은 문제가 있다고 생각합니다. 지금은 국제화 시대입니다. 세계의 여러 나라들과 교류를 하게 됩니다. 원활한 교류를 위해서는 의사소통이 중요한데 한글만을 고집하면 의사소통이 제대로 이루어질 수 없습니다.

[길라잡이]

팀을 나누어 토론을 진행하거나 각자 자신의 생각을 정리해서 발표하는 시간을 갖는 것이 효과적이다.

한글의 우수성과 독창성은 국제 학계로부터도 인정을 받고 있다. 1960년대 미국 하버드 대학의 교과서로 출간된 교재에서 저자인 라이샤워는, 한글은 오늘날 사용되고 있는 모든 문자 중에서 가장 과학적인 체계일 것이라고 하였다. 그 이후, 또 다른 언어학자들은 한글이 각 음의 음성적 특징을 시각화하여 창조적으로 만든 알파벳이라고 높이 평가하였다. 또한 유네스코에서는 1997년에 한글의 문화적 가치를 인정하여 훈민정음을 세계 기록 유산으로 지정하기도 하였다.

4. [길라잡이]

어떤 것이어도 좋다. 하지만 어느 누구의 생각도 비판하지 말아야 한다. 말하는 사람 자신에게서 생각난 것이기 때문이다.

 ## 아이들을 위한 PSAT와 LEET(52~53쪽)

1. [정답] | ③
   [길라잡이]
   결론을 추론하는 문제이다. 장운이 '할아버지, 어르신' 같은 호칭으로 세종 대왕을 부른 점에 초점을 맞추어야 한다. 조선 사회는 엄격한 신분제가 존재하는 사회이다. 게다가 세종 대왕은 군왕이라는 자리에 있는 사람이므로 장운은 불경죄로 다스려도 마땅한 죄를 저지른 것이다. 그러나 세종 대왕은 신분이 높고 낮음이 아니라 사람과 사람의 대등한 만남으로 장운을 대했다. 그러므로 정답은 ③이다.

2. [정답] | ④
   [길라잡이]
   문장의 의미를 예화하는 문제로서 세종 대왕의 근심이 의미하는 바를 문맥의 흐름을 통해 추론해 내는 문제이다. 물론 눈병도 세종 대왕의 근심거리가 될 수 있지만 누이는 세종 대왕의 눈병에 아무런 영향을 미치지 못했다. 그러므로 정답은 ④이다.

3. [정답] | ①
   [길라잡이]
   오류를 추론하는 문제이다. 오류는 사유의 혼란, 감정적인 동기 때문에 논리적 규칙을 소홀히 함으로써 저지르게 되는 바르지 못한 추론이다. 오류의 종류를 모른다 해도 문제를 푸는 데는 어려움이 없으므로 문제에 선입견을 가지지 않도록 유도한다.
   상수의 경우 '대중(다수, 군중)에 호소하는 오류'를 범하고 있다. 이것은 군중 심리를 자극해서 자신의 주장을 받아들이도록 유도하거나 대다수의 사람들이 그렇게 하니까 그것이 옳으며 당신도 그렇게 해야 한다고 주장하는 오류다. '다들 반대하는 글자'라는 부분에서 오류가 나타난다. 장운은 두 번째 대사에서 '부적합한 권위에 호소'하는 오류를 범했다. 이것은 논지와 직접적인 관련이 없는 권위자의 견해를 근거로 하는 오류를 말한다. 윤 초시 댁 마님은 언어학의 전문가라 할 수 없다. 그러므로 윤 초시 댁 마님의 말은 신뢰를 얻기 어렵다. ③은 대중에 호소하는 오류이므로 관련이 있다. ②는 부적합한 권위에 호소하는 오류이므로 관련이 있다. ④는 부적절한 권력에 호소하는 오류, ⑤는 대중에 호소하는 오류이므로 정답은 ①이다.

세상 모든 화가들의 그림이야기

 ## 책을 펴는 아이들(55쪽)

[정답]
표현주의 : 그림 속에 감정을 담아 그리되, 주로 어둡고 추한 모습으로 다루는 것을 말한다.
헬레니즘 : 그리스 고유의 문화와 오리엔트 문화가 융합하여 이루어진 문화를 뜻한다.
모자이크 : 유리나 돌 따위의 여러 가지 조각들을 꼼꼼하게 짜 맞추어 하나의 작품으로 완성시키는 것을 말한다.
원근법 : 거리에 따라서 크기의 비율을 달리하는 것을 말한다. 즉, 거리가 멀고 가까움에 따라 크기를 정확하게 그린다는 뜻이다.
소실점 : 회화나 설계도 등에서 투시하여 물체의 연장선을 그었을 때, 선과 선이 만나는 점을 말한다.
르네상스 : 각자의 개성을 존중하고 인간성을 회복하려는 노력이 여러 방면에 걸쳐 일어났으며, 학문이 크게 발달하고 문화의 꽃이 피게 된 시기를 말한다.
사실주의 : 막연히 눈에 보이는 그대로를 그린다는 것이 아니라 잘못된 사회 구조와 모순된 현실을 그림 속에 표현하는 것을 뜻한다.
인상파 : 19세기 후반 프랑스에서 활동한 인상주의를 신봉한 유파. 표현 대상의 고유한 색채보다 색조를 분할하여 외광의 효과를 주로 하여 원색의 강렬한 색감으로 표출하였다.
입체파 : 대상을 원추, 원통, 구 따위의 기하학적 형태로 분해하여 주관에 의하여 재구성하여 입체적으로 여러 방향에서 본 상태를 평면적으로 한 화면에 구성하여 표현한 유파를 말한다.

 ## 책을 다시 읽는 아이들(56~57쪽)

1. [정답]
   사냥감을 많이 잡아 배불리 먹기를 원했기 때문에 원시인들은 벽에 야생 동물 그림을 그렸다.

2. [정답]
   파라오는 태양의 아들이란 뜻이며 이집트 왕을 일컫는다. 이집트 인들은 죽은 영혼이 저승에 가서도 계속 살아가려면 반드시 시체가 잘 보존되어야 한다고 믿었다. 그래서 왕의 육신이 썩지 않게 시체를 보존했다.

3. [정답]
예수님이 제자의 발을 밟고 있는 것은 예수님의 권위를 나타내기 위한 것이고, 신혼부부가 발을 밟는 것은 누가 먼저 발을 밟느냐에 따라 위아래의 서열이 정해진다는 풍습이 남아 있기 때문이다.

4. [정답]
조콘도의 아내가 모나리자의 실제 모델이다. 레오나르도 다빈치는 3년 동안 조콘도 아내의 초상화를 그렸지만 완성하지 못했다. 그러던 중 그녀는 남편을 따라 여행을 떠났고, 여행 중 병을 얻어 죽고 말았다. 그래서 모나리자 작품은 미완성이 되었다.

5. [정답] | 플란더스의 개

6. [정답]
옛날 백년 전쟁 때 프랑스를 위기에서 구한 애국 소녀인 잔다르크를 상징한다.

7. [정답]
아무렇게나 물감을 발라 놓았다고 비웃고 조롱했으며 비난했다.

8. [정답] | 로댕

책을 깊게 읽는 아이들(58~59쪽)

1. [정답]
르네상스 이전, 중세 시대는 인간의 욕망을 억누르려는 기독교적인 윤리가 널리 퍼져 있었다. 따라서 당시 사람들은 인간의 육체를 그리는 것은 죄라고 생각했고, 여신의 누드라도 함부로 그릴 수 없었다.
그런 의미에서 비너스의 탄생은 중요한 의미를 가진다. 비너스의 탄생은 최초의 누드화의 탄생이다.

2. [예시답]
'천지 창조'는 천장에 그림을 그려야 하기 때문에 천장 밑에 받침대를 세우고 위로 올라가서 고개를 젖혀 작업을 해야 했다. 그래서 물감이 흘러 피부병에 걸리고 몸이 활처럼 휘어졌으며, 목이 뻣뻣하게 굳어졌다. 또한 미켈란젤로는 조각가이기 때문에 그림에 경험이 없어 더욱 힘들었고 교황과의 사이도 매우 나빴다. 그런데도 막상 작업이 시작되자 온갖 심혈을 기울여 그림을 그렸고 4년 후 그림을 완성했다.

3. [예시답]
사실화는 그 전에 비해 가치를 인정받지 못하게 되었다. 그러나 모델이 된 사람이 불편하게 오랫동안 같은 자세를 취하고 있을 필요가 없고, 순간적인 움직임을 정확하게 읽어 낼 수 있어 그림을 좀 더 사실에 가깝게 그릴 수 있었다.

4. [정답]
세잔은 주로 프로방스 지방에서 그림을 그렸고, 사과를 즐겨 그렸으며, 사과를 통해 자기 나름의 독특한 그림을 표현하려고 노력했다. 즉, 사과의 빛깔과 둥근 모양을 가장 아름답게 표현하려고 노력했으며, 이를 통해 조화와 균형을 표현하려고 했다.

5. [길라잡이]
'자화상', '별과 달이 빛나는 밤', '해바라기', '아를에 있는 고흐의 방' 등 고흐의 작품 중 하나를 골라 자유롭게 자신의 느낌을 말하면 된다.

책을 내 것으로 만드는 아이들(60~61쪽)

1. [길라잡이]
화가들은 한 작품을 완성하기 위해 많은 노력을 했고, 살아서는 좋은 평가를 받지 못하거나 비웃음과 손가락질을 받기도 했다. 그러면서도 용기를 잃지 않고 화가로서의 집념과 창의적인 자세를 잃지 않았다. 그런 집념이 위대한 걸작을 남기고 미술사에 많은 업적을 남긴다는 것을 알려 준다.

2. [예시답]
고흐와 고갱의 닮은 점으로는 늦은 나이에 화가가 되었고, 자신의 방식으로 미술 공부를 했으며, 생전에는 인정을 받지 못하고 죽은 후에 많은 사람들에게 사랑받았다는 사실을 들 수 있다.
다른 점으로는 성격이 달랐다는 것이다. 고흐는 매우 내성적인 반면 고갱은 오만하고 야심만만한 사람이었다.

3. [예시답]
에밀 졸라는 자신과 생각이 다른 세잔을 비판했다. 이런 에밀 졸라의 태도는 옳지 않다고 생각한다. 왜냐하면 사람마다 각자 개성이 다르듯 생각 또한 다를 수 있기 때문이다. 진정한 친구라면 자신과 다르다는 것을 인정하고 이해하는 것이 가장 중요하다고 생각한다.

4. [예시답]
만약 내가 렘브란트라면 나도 렘브란트처럼 내 생각대로 그림을 그렸을 것이다. 재능을 인정받기 위해 다른 사람들이 원하는 대로 그림을 그린다면 자기 자신은 없고 다른 사람들의 지배 속에서 살 수밖에 없기 때문이다. 그것은 진정한 의미에서 자신의 그림이 아니다. 행복하지도 않았을 것이다.
렘브란트는 점차 생활이 어려워졌는데도 자신의 미술 세계에 대한 자부심을 가지고 그림을 그렸고, 눈에 보이는 세계보다는 마음속에 깃든 감정, 느낌, 생각, 갈

등 등을 표현했다. 그래서 오늘날 네덜란드가 낳은 세계적인 화가라는 평가를 받을 수 있었다. 이런 결실을 얻을 수 있었던 것은 어떤 말에도 굴하지 않고 꿋꿋하게 자신의 삶을 살았기 때문에 가능한 일이다. 그런 측면에서 볼 때 나는 그의 삶의 자세를 높게 평가한다.

5. [길라잡이]
작품 선정과 감상 소감, 분량도 제한 없이 자유롭게 쓰도록 유도한다. (일기 형식, 편지글 형식, 생활 글 형식, 시 형식 등 글의 형식도 자유롭게 쓰도록 한다.)

아이틀을 위한 PSAT와 LEET(62~63쪽)

1. [정답] | ③
[길라잡이]
세부 정보를 파악하는 문제이다.
"야, 이 속엔 보물이 들었을 거야. 성 안으로 끌고 가자!"라는 말을 근거로 트로이 사람들은 욕심이 많았다고 말할 수 있고, 그리스 사람들이 어마어마한 크기의 큰 말을 나무로 만든 것을 보면 그리스 사람들은 그만큼 목각 예술이 뛰어났다고 주장할 수 있다. 또한 그리스가 여러 해 동안 공격을 퍼부어도 트로이군이 성문을 잠근 채 성을 굳게 지켰다는 사실로 미루어 보아 트로이 사람들은 성을 견고하게 쌓는 기술을 가지고 있었다고 할 수 있다. 그리고 두 나라가 여러 해 동안 싸운다는 사실만 보아도 그리스와 트로이는 서로 사이가 좋지 않았다고 말할 수 있다. 그러나 그리스 군사들이 하룻밤 사이에 사라졌다고 해서 전쟁에 승리했다고 생각하는 트로이 병사들의 태도를 볼 때 그들이 슬기롭다거나 지혜롭다는 사실을 이끌어 내기는 힘들다. 따라서 정답은 ③이다.

2. [정답] | ③
[길라잡이]
전제를 찾는 문제이다.
뱀의 말을 통해 정답을 찾을 수 있다. 이브는 "그 열매를 먹으면 너희도 하나님처럼 눈이 밝아져서 선과 악을 알게 되고 지혜를 얻을 수 있다."는 뱀의 말에 속아 선악과를 따먹었다고 말할 수 있다. 따라서 정답은 ③이다. ①의 배가 고팠다는 말은 본문에 나오지 않고, 에덴동산에는 온갖 나무의 열매가 있었으니 ②의 먹을 것은 선악과밖에 없다는 말은 거짓이다. 따라서 ①과 ②는 정답이 아니다. 그리고 이브는 에덴동산의 주인도 아니고 하나님이 먹지 말라고 했는데도 먹었고, 선악과가 다른 열매보다 빛깔이 곱다는 것은 맞지만 먹어 본 적이 없는 열매이기 때문에 먹었다는 것은 옳지 않다. 따라서 ④와 ⑤도 정답은 아니다.

3. [정답] | ③
[길라잡이]
사실 부합 여부를 묻는 문제이다.
"한 알의 곡식이라도 소중히 여기는 농부의 마음"에서 곡식을 거두는 것은 쉽지 않고 곡식은 농부의 피와 땀의 결실 같다는 말은 맞는 말이다. 이를 근거로 곡식의 소중함을 알아야 한다는 말도 옳다. 따라서 ①과 ②는 사실에 부합한다. 이 그림은 농촌을 소재로 그렸지만 지문 속에 화려한 색채가 없다는 말이 나왔고 그림을 통해서도 그림이 전혀 화려하지 않다는 것을 쉽게 알 수 있다. 따라서 정답은 ③이다. 밀레는 침대를 팔아서 끼니를 때울 만큼 생활이 어려웠고 두통이 심했다. 이러한 어려움 속에서도 자신의 일에 최선을 다해 명화를 남겼다고 할 수 있다. 그리고 그림을 보면 더욱 쉽게 알 수 있지만 그림 속 풍경은 "멀리 산더미처럼 쌓인 짚더미가 보이는 평화로운 농촌 풍경과 허리를 굽힌 아낙네의 모습"을 보여 준다. 이를 통해 우리는 평화로움과 온화함을 느낄 수 있다. 따라서 ④와 ⑤는 사실에 부합한다.